# "EM QUE POSSO SERVIR?"

## O serviço no testemunho de
## DOM LUCIANO M. DE ALMEIDA

Francesco Sorrentino

# "EM QUE POSSO SERVIR?"

## O serviço no testemunho de
## DOM LUCIANO M. DE ALMEIDA

Paulinas

Dados Internacionais de Catalogação na Publicação (CIP)
(Câmara Brasileira do Livro, SP, Brasil)

Sorrentino, Francesco
 "Em que posso servir?" : o serviço no testemunho de Dom Luciano
Mendes de Almeida / Francesco Sorrentino. – São Paulo : Paulinas,
2015. – (Coleção nuvem de testemunhas)

ISBN 978-85-356-3900-1

1. Almeida, Luciano Mendes de, 1930-2006  2. Exercícios espirituais
3. Ministério - Igreja Católica  4. Vida cristã  5. Vocação  6. Testemunhos
(Cristianismo) I. Título. II. Série.

15-01719                                                                                      CDD-253.2

Índice para catálogo sistemático:
1. Vocação : Perspectivas teológicas : Cristianismo    253.2

1ª edição – 2015

Direção-geral: *Bernadete Boff*
Editora responsável: *Vera Bombonatto*
Copidesque: *Mônica Elaine G. S. da Costa*
Coordenação de revisão: *Marina Mendonça*
Revisão: *Ana Cecilia Mari*
Gerente de produção: *Felício Calegaro Neto*
Projeto gráfico: *Jéssica Diniz Souza*
Imagem de capa: *Arquidiocese de Mariana (MG)*

Nenhuma parte desta obra poderá ser reproduzida ou transmitida por qualquer forma e/ou quaisquer meios (eletrônico ou mecânico, incluindo fotocópia e gravação) ou arquivada em qualquer sistema ou banco de dados sem permissão escrita da Editora. Direitos reservados.

**Paulinas**
Rua Dona Inácia Uchoa, 62
04110-020 – São Paulo – SP (Brasil)
Tel.: (11) 2125-3500
http://www.paulinas.org.br – editora@paulinas.com.br
Telemarketing e SAC: 0800-7010081
© Pia Sociedade Filhas de São Paulo – São Paulo, 2015

*A minha avó Anna Ancora, in memoriam.
Com sua vida e palavras anunciou-me
o Evangelho do serviço.
Em seu colo aprendi que o importante na vida
é amar e servir.
Por isso, sou-lhe eternamente grato!*

# Abreviaturas

AG = Decreto *Ad Gentes* do Concílio Vaticano II.
CDI = ALMEIDA, Curso de interiorização.
CM = CONFERÊNCIA NACIONAL DOS BISPOS DO BRASIL, Comunicado Mensal.
Const. = INÁCIO, Constituições da Companhia de Jesus.
EDD = ASSIS, Dom Luciano, especial dom de Deus.
EE = INÁCIO, Exercícios Espirituais.
EG = FRANCISCO, Exortação apostólica *Evangelii Gaudium*.
EN = PAULO VI, Exortação apostólica *Evangelii Nuntiandi*.
ENJ = SIMÕES, "Em nome de Jesus" passou fazendo o bem.
GE = Declaração *Gravissimum Educationis* do Concílio Vaticano II.
GS = Constituição Pastoral *Gaudium et Spes* do Concílio Vaticano II.
JCL = ALMEIDA, Jesus Cristo: luz da vida consagrada.
LG = Constituição Dogmática *Lumen Gentium* do Concílio Vaticano II.
ODV = ALMEIDA, O direito de viver.
OIDO = MENDES, Dom Luciano, o Irmão do Outro.
PC = Decreto *Perfectae Caritatis* do Concílio Vaticano II
PIEL = ALMEIDA, Para uma Igreja encarnada e libertadora.
PP = PAULO VI, Carta encíclica *Populorum Progressio*.
SPA = ALMEIDA, Servir por amor.
SS = BENTO XVI, Carta encíclica *Spe Salvi*.
UPP = OLIVERO, Uniti per la pace.

# Sumário

Apresentação ................................................................. 11

Introdução .................................................................... 15

I. Raízes históricas e espirituais do testemunho
de Dom Luciano M. de Almeida................................. 21

   Introdução ..................................................................21

   1. A árvore do testemunho ...................................... 22

      1.1 As raízes da árvore ........................................24

      1.2 O tronco do testemunho..............................31

      1.3 Os frutos........................................................43

   2. Raízes inacianas da espiritualidade de Dom Luciano..66

      2.1 Buscar a Deus em todas as coisas ...............68

      2.2 Através do "conhecimento interno de Jesus Cristo"... 76

      2.3 Numa atitude de "indiferença"....................82

   Conclusão ................................................................. 88

II. "*In nomine Iesu*": Jesus Cristo –
fonte e medida do serviço cristão ............................. 89

   Introdução ................................................................ 89

   1. Jesus pobre ........................................................... 90

      1.1 Jesus, homem entre os homens....................91

      1.2 Jesus, homem pobre e oprimido..................96

      1.3 Jesus pobre, Filho de Deus.........................100

2. Jesus, servidor dos pobres .................................... 103
   2.1 A hora da ruptura ..................................... 105
   2.2 A serviço do Reino de Deus ........................ 106
   2.3 Jesus Servidor dos pobres com amor ágape .......... 111
3. Jesus: servo justo sofredor ................................... 122
   3.1 Jesus, servo obediente ao Pai ..................... 124
   3.2 Jesus, servo no caminho da Cruz .................. 126
   3.3 O significado do sofrimento do justo ............. 134
Conclusão ......................................................... 139

III. Dom Luciano e a espiritualidade do serviço ............... 141
   Introdução .................................................... 141
   1. O pressuposto da interiorização ........................ 142
      1.1 Da presença dos outros à presença do "Outro" .... 145
      1.2 A contribuição da Revelação cristã
          ao processo de interiorização ................... 152
      1.3 A interiorização do outro ........................ 157
   2. A primazia do outro .................................... 163
      2.1 A inviolabilidade da vida humana ................. 167
      2.2 O desafio da convivência ......................... 171
      2.3 O milagre da partilha ............................ 175
   3. A opção preferencial pelos pobres ...................... 178
      3.1 Opção pela dignidade humana ...................... 181
      3.2 Opção pela fraternidade universal ................ 186
      3.3 Opção pela libertação do ser humano oprimido .... 190
   Conclusão .................................................... 195

Conclusão final ................................................. 197
Bibliografia .................................................... 207

# Apresentação

O testemunho de Dom Luciano Mendes de Almeida SJ desponta, no cenário socioeclesial brasileiro, como exemplo generoso de serviço, mormente aos sofredores e excluídos. Servidor é a palavra que melhor expressa sua vida de doação incansável e diuturna, sem medir esforços ou buscar escusas para se esquivar de quem lhe estendesse a mão.

Quem conviveu com Dom Luciano ou teve a chance de acompanhar-lhe os passos, conhece inumeráveis "histórias" de como se desdobrava para se "fazer tudo para todos" (1Cor 9,22). Muitas contadas por ele mesmo! Parecia um "viciado em fazer o bem", como se fora incapaz de estar um só minuto desligado da preocupação de carregar as dores alheias. Sua caridade era radical e podia lhe custar as horas de sono ou de descanso, palavras pouco recorrentes em seu vocabulário. Consumia-se em servir!

Toda a sua trajetória de vida traz a marca do serviço. Um jesuíta, seu colega nos anos de noviciado no

Colégio Anchieta, em Nova Friburgo-RJ, contou-me um fato revelador da opção do "Irmão Mendes" de servir com radicalidade. Ainda noviço, afixou sobre a mesa de estudos, com letras bem legíveis, um papel onde se lia: *Abutere me quacumque hora*. O imperativo soa assim: "Não tenham cerimônias de me pedir algo, quando quiserem ou precisarem"; "Estou à disposição para servir, em qualquer momento". Porém, a tradução literal da frase latina é: "Abusem de mim a qualquer hora!". O passar do tempo mostrou que não se tratava de palavras jogadas ao vento e, sim, disposição brotada do fundo do coração e cultivada com práticas autênticas.

O livro do missionário italiano Pe. Francesco Sorrentino, membro do PIME, aprofunda esse traço marcante da personalidade de Dom Luciano: estar inteiramente ao serviço do próximo. O título retoma uma frase que fluía espontânea de seus lábios: "Em que posso servir?". Em face do outro, sem se importar de quem se tratasse, confrontava-o com esta pergunta sincera. Sem dúvida, os mais diversos tipos de sofredores atraíam-no de modo particular. O serviço, então, expressava-se como interesse, cuidado, solidariedade, consolação e, sobretudo, como presença da misericórdia divina junto ao próximo atribulado.

O autor, num primeiro momento, traça o percurso da espiritualidade do serviço, assim como Dom Luciano a viveu, explicitando-lhe as raízes. O exemplo de vida dos pais, Cândido e Emilia, serviu-lhe de referencial no qual se espelhar, desde a mais tenra idade. O ingresso na Companhia de Jesus e o contato com a espiritualidade inaciana, cujo fruto está formulado nos Exercícios Espirituais de Santo Inácio com a expressão: "Em tudo amar e servir" (n. 233), descortinaram-lhe um horizonte amplíssimo de possibilidades de viver o carisma de servidor. Os contínuos deslocamentos e viagens permitiram-lhe contatar pessoas dos mais diferentes extratos sociais e nos mais distintos países e lugares, bem como alargar e diversificar o âmbito de atuação, sempre voltada para o serviço.

O lema episcopal – *In nomine Jesu* – é uma chave imprescindível para compreender a vocação de servidor, tão característica de Dom Luciano. Por isso, o segundo momento da obra mostra como Jesus, cujos passos seguiu, foi sua referência de doar-se para servir. Seu único desejo consistia em servir como Jesus, por amor a Jesus, por causa de Jesus e se deixando inspirar por Jesus. Sem Jesus sua vida seria incompreensível, esvaziada de sentido. Ser "companheiro de Jesus", no espírito da Ordem fundada por Santo Inácio de Loyola, à qual pertencia, tornou-se realidade em sua vida. O amor incondicional a Jesus levava-o a se colocar todo ao serviço do próximo, sem interpor condições, antes, com total gratuidade e entrega de si sem reservas. Vale para Dom Luciano o que o Mestre de Nazaré falou de si mesmo: "O Filho do Homem não veio para ser servido, mas para servir e entregar a vida em favor de muitos" (Mt 20,28).

O terceiro momento consiste na sistematização das linhas mestras de uma espiritualidade cristã do serviço, inspirada no modo de ser e de proceder de Dom Luciano. O Espírito impele para o serviço ao outro, cujo rosto interpela e move à ação. A raiz cristológica e pneumática são os eixos vertebrais dessa vida no Espírito. Os pobres encarnam o "outro" por excelência. Dom Luciano revela a impossibilidade de se deixar guiar pelo Espírito, porém, desviando-se dos preferidos de Deus. Antes, os caminhos do Pai passam sempre por seus filhos preferidos, pelos quais Dom Luciano se consumiu.

A cultura moderna, no que tem de antievangélica, exige dos cristãos se confrontarem com testemunhos consistentes de espiritualidade, para evitar a tentação do narcisismo que leva os indivíduos a se fecharem em seus mundinhos, blindados para não serem interpelados pelo outro sofredor. Dom Luciano encarna tal testemunho consistente, do qual carecemos.

O livro do Pe. Francesco Sorrentino, escrito com o intuito de descortinar para tantos cristãos e cristãs perspectivas de vivência coerente do discipulado, será de grande utilidade para pessoas de boa vontade, desejosas e carentes de modelos inspiradores. Dom Luciano é uma "luz que brilha diante dos homens" (Mt 5,16), capaz de iluminar a escuridão persistente do egoísmo e trazer muitas pessoas ao bom caminho do serviço gratuito e desinteressado, aos carentes de cuidado e de misericórdia.

*Pe. Jaldemir Vitório SJ*
Faculdade Jesuíta de Filosofia e Teologia – FAJE
Belo Horizonte-MG

# Introdução

A primeira tarefa do missionário, que sai de sua terra para anunciar a Boa-Nova do Reino além-fronteiras, é descobrir os sinais da ação do Espírito Santo que o precede neste lugar. Deus, sempre, se antecipa a seu enviado!

Para atender a minha incumbência primária de missionário estrangeiro na terra de Santa Cruz, optei por aprofundar o testemunho do jesuíta Dom Luciano Pedro Mendes de Almeida, mundialmente conhecido como bispo dos pobres e profeta de paz. Ele é uma das figuras mais representativas do episcopado brasileiro. Em Dom Luciano, a espiritualidade latino-americana, comprometida com a libertação dos oprimidos, corporificou-se.

Na primeira consulta do material bibliográfico de autoria de Dom Luciano e sobre ele, percebi que, por um lado, o objeto de estudo era multifacetado; por outro, possuía um elemento unificador: o tema do serviço.

Decidi encaminhar-me por esta vereda à descoberta da concepção detalhada de serviço do bispo jesuíta. Portanto, as páginas que seguem não abrangem todos os aspectos inerentes à pessoa e ao pensamento de Dom Luciano, mas apenas o tema da vocação cristã como serviço. Os demais temas, entre os quais a espiritualidade inaciana, serão referidos quando importantes para o desenvolvimento da temática principal.

O livro compõe-se de três capítulos. No primeiro, analisarei, teologicamente, o testemunho de serviço do pastor jesuíta. No segundo, estudarei, sempre com olhar teológico, os seus escritos, elaborados no período de 1970 a 2006. Citarei os textos que me servem, assim como estão nas fontes, embora pareçam truncados, por não terem passado por uma correção estilística.

Os dois capítulos estão profundamente interligados. O primeiro capítulo traçará o "mapa" do percurso histórico-espiritual, ao longo do qual Dom Luciano formulou suas reflexões sobre o serviço cristão. O segundo, oferecerá chaves hermenêuticas para se compreender melhor o bispo jesuíta em sua ilimitada dedicação ao próximo, exposta anteriormente.

No primeiro capítulo, versarei sobre as raízes históricas e espirituais do testemunho de Dom Luciano. Não farei uma simples narração biográfica de cunho historiográfico. Elaborarei, sim, uma leitura teológica do desenvolvimento histórico-espiritual do testemunho de Dom Luciano. Do ponto de vista histórico, tomarei em consideração três etapas: do nascimento à entrada na Companhia de Jesus (1930-1947); do noviciado na Companhia de Jesus à nomeação episcopal (1947-1976); da Ordenação episcopal ao dia da morte (1976-2006). Apresentarei a passagem de uma etapa para a outra através da metáfora da árvore, cujo porte simbólico remete a uma realidade em devir, entre o "já" e o "ainda não", como é, justamente, a vida de todo cristão. Três partes comporão esta árvore: as raízes, a família de Dom Luciano; o tronco, a Companhia de Jesus; e os frutos, o ministério episcopal do pastor jesuíta em São Paulo, em Mariana e na CNBB. Do ponto de vista espiritual, indicarei, como linfa vital dessa árvore, a espiritualidade inaciana que Dom Luciano absorveu desde os anos de estudos ginasiais no Colégio Santo Inácio dos jesuítas, no Rio de Janeiro. Dessa espiritualidade, aprofundarei três tópicos: a busca de Deus em todas as coisas, o conhecimento interno de Jesus Cristo e a indiferença inaciana. Optei apenas por estes pontos do patrimônio espiritual inaciano por dois motivos. Em primeiro lugar, porque são aqueles aspectos da espiritualidade de Santo Inácio de Loyola que ficaram mais patentes na vida e nos escritos de Dom Luciano. Em segundo lugar, porque resumem bem o percurso espiritual proposto pelos Exercícios de Santo Inácio, fonte primária da espiritualidade inaciana e referencial imprescindível na vida de todo jesuíta.

No segundo capítulo, compendiarei a reflexão cristológica de Dom Luciano. A inserção de tal reflexão, entre o primeiro e o terceiro capítulo, expressa bem a centralidade que reveste para a compreensão da vocação cristã como serviço, segundo o pensamento do bispo jesuíta. Com efeito, para Dom Luciano, o serviço cristão se fundamenta na vida de Jesus pobre, Servidor dos pobres e Servo sofredor. A vida de Jesus, da Encarnação até a Páscoa, aparece nos Evangelhos como uma grande história de solidariedade sem restrições, para com os destinatários da salvação. Assim, torna-se fonte e medida do serviço cristão. Fonte, porque da conformação a ele se gera um modo de servir em plena solidariedade com os semelhantes, com espírito de total gratuidade e na isenção de todo e qualquer privilégio humano. Medida, porque se percebe a universalidade do serviço na contemplação de Jesus Cristo, que, para servir a todos, prioriza os últimos da sociedade: empobrecidos, marginalizados, pecadores, prostitutas, doentes etc.

No terceiro capítulo, abordarei questões práticas inerentes à vida cristã pautada na espiritualidade do serviço, à luz dos escritos de Dom Luciano. A primeira questão será o processo de interiorização, como pressuposto de predisposição interior, necessário para que o ser humano se coloque em postura serviçal em relação aos demais. Nesse processo, a pessoa descobre a presença de Deus nos meandros de sua historicidade limitada. Encontra, também, a pessoa de Jesus Cristo, que lhe revela a certeza do amor divino e, finalmente, como Cristo, assume dentro de si a vida do outro, para amá-lo e servi-lo. Esse amor, traduzido em serviço, acontece à medida que o outro tem primazia. Esta será a segunda questão prática, que, por sinal, é uma das temáticas cruciais do pensamento de Dom Luciano, para quem o outro é sempre importante. Tal importância impõe, na perspectiva da primazia do outro, o respeito da inviolabilidade da vida humana, a convivência pacífica e o dever da partilha, que terá como destinatários privilegiados os empobrecidos. Eis, enfim, a terceira questão prática que encerrará o terceiro capítulo: a opção preferencial pelos pobres. Segundo Dom Luciano, optar pelos pobres significa: optar pela dignidade da pessoa humana, optar, também, pela construção da fraternidade universal da qual ninguém fica excluído e, finalmente, optar pela libertação de quem é oprimido.

A proposta de vida cristã, fundamentada no testemunho de Dom Luciano, obriga-nos a assumir a fé cristã com ousadia, em vista da transformação da realidade, através do amor que se torna serviço aos irmãos e às irmãs. Como é importante que tal proposta seja valorizada neste momento histórico, no qual se multiplicam ofertas religiosas ou pseudorreligiosas, alienadoras.

As páginas que seguem não pretendem esgotar o tema abordado. São muitos os possíveis desdobramentos teológicos do estudo da vocação cristã, como serviço, na vida e nos escritos de Dom Luciano Mendes de Almeida. Um riquíssimo material está à espera de quem se disponha a estudar a teologia e a espiritualidade de um cristão exemplar, cujos lábios pronunciaram, tantas vezes, uma expressão que lhe era peculiar: "Em que posso servir?".

*O autor*

# Capítulo Primeiro
## Raízes históricas e espirituais do testemunho de Dom Luciano M. de Almeida

*Embalei minha vida nesta palavra, que, no fundo, é a palavra de Cristo, o "importante é o outro".*

*(Dom Luciano)*

## Introdução

A vida de todo ser humano se desenvolve com a contribuição de fatos e pessoas, que endereçam sua existência para determinados rumos. É isso que chamamos de raízes históricas e espirituais. Históricas porque se formam na progressividade do tempo. Espirituais porque nelas escorre a linfa criativa do Espírito Santo.

Duas partes compõem o primeiro capítulo: a primeira aborda as raízes históricas do testemunho de Dom Luciano; a segunda explora suas raízes espirituais. Servimo-nos da metáfora da árvore para analisar as raízes históricas. Primeiramente, aprofundaremos a contribuição do contexto prévio (as raízes), isto é, da família. Em seguida, o aporte da Companhia de Jesus (o tronco) e, enfim, examinaremos as diferentes etapas do episcopado, durante o qual surgiram os frutos do testemunho de Dom Luciano. Na segunda parte, revelaremos que o testemunho de Dom Luciano bebeu da fonte da espiritualidade inaciana. Queremos mostrar como o nosso bispo jesuíta, para vivenciar a dimensão do serviço, buscou a Deus em todas as coisas, através do conhecimento interno de Jesus Cristo, numa postura de "indiferença" diante das circunstâncias da vida e de abertura total à vontade de Deus.

# 1. A árvore do testemunho

Na Exortação Apostólica *Evangelii Nuntiandi* (1975), o Papa Paulo VI (1897-1978) ressaltou que a evangelização passa, primeiramente, pelo testemunho de vida dos cristãos, e justificou: "O homem contemporâneo escuta com melhor boa vontade as testemunhas do que os mestres [...], ou então, se escuta os mestres, é porque eles são testemunhas".[1]

---

[1] EN 41.

Em Dom Luciano, estes dois aspectos – testemunha e mestre – ficaram unidos e, por tal razão, coube-lhe receber, por seus irmãos jesuítas, o título de "*Magister amoris causa*. Mestre por causa do amor e do serviço".[2]

Interpretamos a vocação cristã do bispo jesuíta servindo-nos da categoria teológica "testemunho", que, conforme a acepção pós-conciliar, significa correspondência entre o Evangelho e a vida.[3] O testemunho acontece pela interação entre o Espírito de Deus e a liberdade humana (cf. Mc 13,11). E se plenifica na proclamação, diante do mundo, do cumprimento da salvação, por meio da vivência do amor (cf. Jo 13,35). João nos ensina que Jesus Cristo é testemunha do Pai (cf. Jo 7,16-18; 10,37; 18,37; Ap 3,14) e o Espírito é testemunha de Cristo no interior das pessoas (cf. 1Jo 5,9-10), atraídas pelo Pai (cf. Jo 6,44). Quem acolhe o testemunho do Espírito, pode oferecer seu testemunho-confissão (cf. 1Jo 1,1-4) até o martírio (cf. Ap 12,11), atestando a vitória de Cristo sobre a morte. É o testemunho interior do Espírito que possibilita a abertura do ser humano à fé e o testemunho exterior do cristão com gestos e palavras.[4] Além disso, o testemunho não

---

[2] LIBANIO, *Laudatio*, p. 81. Grifo do autor.

[3] Para o Vat. II, todo cristão é responsável de tornar crível o Evangelho (cf. AG 11.24.37; GS 43; LG 28.38; PC 25; GE 8).

[4] Cf. LATOURELLE, *Testimonianza*, p. 1318-1320; FUMAGALLI, *Il cristiano*, p. 316.

prescinde da história, mas a assume, plenamente, de duas maneiras. Antes de tudo, deixando-se conduzir por ela, de forma pedagógica, para o amadurecimento. Em segundo lugar, transformando-a por seu perfil cristão. De fato, a nova compreensão de Revelação, trazida pelo Vaticano II, de cunho mais cristológico, permitiu uma configuração do testemunho cristão que não fosse apologética e abstrata, mas sim histórica e encarnada.

O testemunho de Dom Luciano, comparável a uma árvore,[5] desde suas raízes até seus frutos, caracterizou-se pela *diaconia* cristã, isto é, pelo serviço solidário com os desfavorecidos, cuja causa abraçou, profeticamente, em nome de Jesus.[6]

## 1.1 As raízes da árvore

O testemunho de Dom Luciano não teve geração espontânea. Houve um contexto prévio, que simbolizamos com a metáfora das raízes, o qual possibilitou o seu progresso humano-espiritual. Tal âmbito foi sua família, não apenas como espaço sociológico, mas,

---

[5] A metáfora da árvore remete a uma realidade que nasce, cresce e é produtiva, não por força própria, mas por um conjunto de fatores que rodeiam a vida da árvore. Além disso, simboliza, perfeitamente, uma realidade situada entre o "já" e "ainda não".

[6] Dom Luciano escolheu para seu episcopado o seguinte lema: "In nomine Iesu" (trad.: "Em nome de Jesus").

teologicamente, considerada, sobretudo, como "lugar" onde Deus chama à santidade.[7]

Foi justamente nesse tipo de lar que, sem isenção das dificuldades, Cândido Mendes de Almeida (1895-1962) e Emilia de Mello Vieira Mendes de Almeida (1897-1973) deram à luz e criaram seus sete filhos, entre os quais o nosso bispo "servidor".[8] Ao segundo, nascido em 5 de outubro de 1930, deram o nome de Luciano Pedro, em memória do tio materno aviador, tragicamente falecido, em acidente aéreo, durante a Primeira Guerra Mundial (1914-1918). O heroísmo deste tio, frequentemente evocado na casa dos Mendes de Almeida, levou o pequeno Luciano a crescer com o desejo de se tornar também um aviador.[9]

Perscrutando as raízes históricas de Luciano Pedro Mendes de Almeida, encontramos figuras renomadas da história brasileira, que se distinguiram pela tenacidade com que levaram adiante a causa do próximo. Mencionamos, apenas, dois nomes ilustres: o senador e advogado Cândido Mendes (1818-1881) e seu filho, o jurista Cândido Mendes (1866-1939), respectivamente, bisavô e avô de Luciano. O primeiro encerrou sua jornada terrena em condições muito simples, perdendo

---

[7] Cf. CAMPANINI, Famiglia, p. 625-626.

[8] Lembramos os irmãos de Dom Luciano: Cândido, Luis Fernando, Antônio Luiz, João Theotônio, Elisa Maria e Maria da Glória.

[9] Cf. UPP 29-30; DONEGANA-DIAS, Apaixonado por Cristo, p. 20; OIDO 18-19.

todo seu prestígio político, por ter-se oposto aos decretos que subordinavam a Igreja ao Estado na chamada Questão Religiosa e defendido, publicamente, os bispos de Olinda-Recife e de Belém.

O avô Cândido, além de favorecer o retorno dos jesuítas ao Rio de Janeiro, preocupou-se, afetiva e efetivamente, com os encarcerados, elaborando uma lei que lhes permitisse a liberdade condicional. Fundou, também, a Academia de Comércio, para aprimorar, gratuitamente, a formação de trabalhadores, facilitando-lhes o acesso a profissões liberais.[10]

Nessa atenção ao outro, sobretudo aos mais desprotegidos pela sociedade, Cândido e Emilia educaram os sete filhos.

Referindo-se ao pai, jornalista e professor, Luciano recordou:

> Ensinou-nos, pelo exemplo, que só deveríamos procurar as pessoas de influência quando perdessem a sua posição, para reconhecer o bem que haviam feito e não para tirar vantagens pessoais.[11]

Na mãe Emilia, mulher erudita, formada na Sorbonne, de Paris, e especialista em Teologia, Luciano viu uma dedicação que ultrapassou as paredes familiares.

---

[10] Cf. UPP 36-37; DONEGANA-DIAS, Apaixonado por Cristo, p. 20.

[11] ALMEIDA, Homenagem, p. 18.

No centenário de nascimento da mãe, Dom Luciano delineou a figura materna nestes termos:

> Em Deus encontrava as energias para devotar-se não só à família, mas às necessidades espirituais e materiais do próximo. Subia a encosta da favela e entrava em contato com a miséria, de modo tão discreto que, muitas vezes, nem percebíamos. Isso explica sua opção por uma vida sóbria e austera, privando-se de comprar algo para si, de modo a poder repartir mais com os pobres.[12]

Desde cedo, então, através do estímulo pedagógico e exemplar dos pais, Luciano aprendeu a ser, evangelicamente, um homem sem medo da alteridade. Um dia escreveu:

> À luz da fé e da Palavra de Deus, vamos conhecer que, quando o ambiente familiar nos ensina a amar, está abrindo o nosso coração para amar os outros que precisam desse afeto.[13]

A linha educativa de Cândido e Emilia ancorava-se na fé cristã. Ambos, conforme as recordações que Dom Luciano guardou, eram pessoas de fé, embora se manifestasse com perfil diferente.[14] Ao ingressar na Arquidiocese de Mariana, em seu discurso público, o novo arcebispo ressaltou: "Meus irmãos, tive a graça

---

[12] ALMEIDA, Homenagem, p. 19.
[13] Id., Família: aprendizado do amor, p. 6.
[14] Cf. id., Homenagem, p. 18-19.

de nascer numa família unida que soube enfrentar sacrifícios, mas que me deu sempre o exemplo e testemunho de fé".[15] Com efeito, Cândido e Emilia fizeram de sua casa uma escola de vida cristã, através das Eucaristias dominicais[16] e da habitual catequese hagiográfica, ministrada pela mãe aos filhos reunidos aos pés da cama, antes de dormirem. Além disso, Dona Emilia, que se distinguiu pela coordenação do laicato feminino católico da classe alta carioca, reluziu no ambiente familiar pela sua vida de piedade.[17] Dom Luciano, em entrevista à revista missionária *Mundo e Missão*, testemunhou acerca de sua mãe:

> Conduzia uma vida séria de piedade: Missa e comunhão diária, mesmo que tivesse muitas coisas a fazer e também problemas de saúde. Era isso que lhe dava força. Lembro que, uma vez, fui visitá-la durante a convalescença após uma das cirurgias. Cheguei à casa de madrugada e, sem bater à porta, entrei no quarto. Foi quando a vi de joelhos, com os braços abertos, rezando o rosário. "Mãe", disse-lhe, "por favor, descanse". Ela me olhou e, como que se desculpando, respondeu: "Meu filho, não é por mim que estou rezando, é pelos outros".[18]

---

[15] Id., Palavra do novo arcebispo, p. 812.

[16] O uso do plural justifica-se, pois a família, com frequência, participava, no mesmo dia, em mais de uma celebração eucarística, em diferentes igrejas do Rio de Janeiro (cf. OIDO 22).

[17] Cf. ibid., p. 22-27.

[18] DONEGANA-DIAS, Apaixonado por Cristo, p. 20.

Essas raízes fizeram brotar em Luciano a solicitude persistente, ao longo de toda a vida, expressa como serviço ao próximo. O ambiente de fé despertou-o para a vocação divina, isto é, o

> inefável mistério envolvente de Deus que caminha com o homem como um Pai que cuida de cada um e se torna companheiro de viagem, para que cada um descubra a si mesmo, acolha a vida e a irradie nos desertos dos corações e do universo.[19]

A existência daquele jovem violinista, caricaturista e aventureiro despertou sinais convincentes do desejo, surgido, espontaneamente, na infância, de ser padre, com um detalhe: "padre-aviador". Assim, o pequeno Luciano respondeu no dia de sua Primeira Comunhão (8 de dezembro de 1937), quando lhe perguntaram o que gostaria de ser na vida. Aquela ideia, surgida sem nenhum condicionamento externo, o acompanhou até a adolescência. Um acontecimento revelou-se determinante. Aos 15 anos de idade, ao sair incólume de uma queda no morro da Gávea (Rio de Janeiro), chegando à borda do precipício, Luciano intuiu que, no feliz desfecho daquele incidente, talvez, houvesse um apelo divino de entrega maior ao serviço do próximo.[20]

---

[19] BISIGNANO, Vocazione, p. 2671. Tradução nossa.
[20] Cf. UPP 29-33; DONEGANA-DIAS, Apaixonado por Cristo, p. 20; OIDO 18-19.

Graças à iniciação ao discernimento espiritual, recebida no Colégio Santo Inácio, do Rio de Janeiro, e continuada no constante acompanhamento do jesuíta Padre Félix Almeida, Luciano optou pela vida religiosa. Inicialmente, sentia-se atraído pela espiritualidade dominicana, conhecida através da mãe, terciária dominicana, e pelo seu primeiro orientador espiritual, um padre da Ordem dos Pregadores. Após discernimento, escolheu o carisma de Santo Inácio de Loyola (1491-1556). Subjazia à escolha de Luciano não mero entusiasmo juvenil, mas sim, como ele mesmo certa vez afirmou, o fascínio incomparável que a pessoa de Jesus Cristo exercia sobre sua jovem vida.[21]

Não podia ser diferente, visto que o fulcro de toda experiência espiritual é seguir e imitar Jesus Cristo. Segui-lo, segundo o evangelista João, corresponde a conhecer, progressivamente, a pessoa de Jesus em vista de uma conformação a ele (cf. Jo 1,35-39.43; 15,14). Imitá-lo, segundo Paulo, é mais que uma questão moral, é compromisso querigmático de quem, sentindo-se partícipe do mistério pascal, se põe ao serviço do anúncio do Reino de Deus (cf. 1Cor 4,16; 11,1; 2Ts 3,7; Cl 1,24).[22]

Luciano foi introduzido nesse tipo de seguimento e imitação pela Companhia de Jesus, onde ingressou em 1947.

---

[21] Cf. UPP 31-34; OIDO 27; DONEGANA-DIAS, Apaixonado por Cristo, p. 20.

[22] Cf. GOFFI, L'esperienza spirituale, p. 106-107.

## 1.2 O tronco do testemunho

A família religiosa que acolheu Luciano Mendes de Almeida deve sua origem à experiência mística do espanhol Inácio de Loyola. Os jesuítas encarregam-se de "defender e propagar a fé",[23] através de multiforme trabalho apostólico, vivenciado como serviço a Cristo e à Igreja.[24] De fato, "o serviço é a ideia-chave do carisma de Inácio".[25]

Para Dom Luciano, pertencer à Companhia de Jesus significou, sobretudo, três coisas: alimentar um grande amor à Igreja, servindo-a com total disponibilidade; assumir uma espiritualidade de contemplação, discernindo os sinais dos tempos, e ter um forte espírito missionário para estar pronto a trabalhar, apostolicamente, em qualquer lugar do mundo.[26] Por esses motivos, a Companhia de Jesus pode ser considerada, simbolicamente, o "tronco" do testemunho de Dom Luciano. Sabe-se que o tronco é a fonte de sustentação da árvore. Da mesma forma, o patrimônio inaciano da Companhia de Jesus alimentou a vida do bispo jesuíta.

---

[23] FOIS, Compagnia di Gesù, c. 1263.
[24] Cf. ibid., c. 1263.
[25] ARRUPE, Soli Domino, p. 112. Tradução nossa.
[26] Cf. DONEGANA-DIAS, Apaixonado por Cristo, p. 23.

## 1.2.1 O tempo da formação inicial

A vida religiosa, por ser continuidade histórica e sacramental da vida de Cristo, exige um processo formativo que conduz a pessoa a crescer em união e configuração com o Filho de Deus e a desenvolver sua vida de consagração ao Senhor.[27] Na Companhia de Jesus, isso acontece por uma incorporação progressiva. Ingressa-se no noviciado com a Primeira Provação; em seguida, acontece a Segunda Provação, isto é, o noviciado de dois anos que termina com os três votos e a promessa de entrar na Companhia. Seguem-se o juniorato, os estudos filosóficos, o período do magistério, os estudos teológicos, após os quais acontece a Terceira Provação em que o candidato aos votos finais faz novamente os Exercícios Espirituais e passa por alguns experimentos do primeiro noviciado. Atua-se uma dinâmica de "peregrinação" contínua que, conforme o espírito dos Exercícios Espirituais inacianos, leva o jesuíta a encarnar, ao longo de toda sua existência, um movimento que vai de Deus a si mesmo e de si a Cristo e aos outros.[28] Luciano passou por este processo, transformando-se, sobretudo, através dos

---

[27] Cf. BISIGNANO, Formação, p. 456-457.

[28] Cf. BARRY-DOHERTY, Contemplativos em ação, p. 33-34; AMARAL, Um corpo para a missão, p. 131-132; IPARRAGUIRRE, Gli esercizi ignaziani, p. 40-41.

Exercícios do noviciado, "no mais pobre dos servos e no mais servo dos pobres".[29] Eis seu testemunho:

> Lembro-me de quando, com 17 anos, entrei no seminário. Tinha comigo uma caneta de valor, o violino que eu tocava e uns sapatos especiais. O padre que me acolheu me disse: "O violino pode colocá-lo aqui, a caneta na gaveta junto com o relógio, que não é necessário, e os sapatos é melhor trocá-los, porque são diferentes dos sapatos dos outros". A lençaria era comum e a batina que nos davam era usada. No mês seguinte, fomos enviados a uma casa de exercícios espirituais para passar a cera no pavimento de 40 quartos, sucessivamente, a trabalhar em meios aos pobres, depois a pedir esmola... Passamos dois anos assim. Ao começo não entendia, depois entendi que era uma graça fazer a experiência de vida das pessoas simples. Não era apenas um noviciado, mas um fazer experiência da vida dos sofredores, sem a qual não pode ser consagrado a Deus.[30]

A etapa mais significativa foi o tempo de formação teológica em Roma. A Cidade Eterna não lhe mostrou apenas belezas artísticas, culturais e religiosas, mas também dramas humanos. Ao exercer seu apostolado catequético junto aos jovens detidos no Instituto Gabelli de Porta Portese,[31] o jovem brasileiro sentiu-se

---

[29] MELCHER, Despojamento total, p. 99.

[30] ALMEIDA, Gesù e i soldati romani, p. 43. Tradução nossa.

[31] O Instituto Gabelli tinha a finalidade de recuperar menores infratores, mas com frequência se tornava teatro de torturas e mortes juvenis. Porta Portese é uma das antigas portas da cidade de

provocado a descer de sua posição privilegiada de estudante jesuíta, com um passado familiar, satisfatoriamente, feliz. Tal experiência pode ser considerada como o "Batismo" de Dom Luciano, no serviço aos menores, desfavorecidos e aos marginalizados, em geral. Ele mesmo declarou:

> Em plena Roma, a cidade santa de todo o mundo cristão, onde há muitas igrejas e comunidades religiosas, onde há com certeza uma tradição cristã ampla, muitos rapazes e moças viviam situações antissociais, claramente nem todas no mundo da criminalidade, e cultivavam uma mentalidade agressiva contra a sociedade. [...]. Na Rua de Porta Portese. Aqui encontrei a indicação para o meu ministério.[32]

O impacto da cruel realidade da marginalização juvenil foi decisivo. Questionou, seriamente, o jovem carioca jesuíta, sobre vários aspectos, entre os quais a própria missão evangelizadora da Igreja que, naquele contexto, tornava-se ainda mais desafiadora. No jornal *Folha de São Paulo*, Dom Luciano recorda assim aquela época:

> Trabalhei vários anos em reformatório de jovens infratores. Quase sempre havia uma forte carência do pai na vida desses rapazes. Para o menor abandonado infrator é indispensável descobrir a paternidade

---

Roma, pela qual passa a rua homônima, onde estava situado o Instituto.

[32] UPP 25-29. Tradução nossa.

de Deus. Com amor procurava explicar a esses jovens que a vida que recebemos de nossos genitores vem de Deus. Ele é o verdadeiro Pai que a ninguém falta. Falava-lhes, depois, a mensagem de Jesus Cristo que nos revela um Deus que ama, preocupa-se com seus filhos e está sempre disposto a abrir os braços para nos receber (Lc 15,20-24).[33]

Na escola dos marginalizados de Roma, Luciano aprendeu a lição que o acompanhou a vida toda: para servir quem sofre, é necessário penetrar na situação de sofrimento do outro e não se deter no aspecto superficial (cf. Lc 10,33-35).[34]

Desde seu ingresso na Companhia de Jesus, algo mudava em Luciano, graças às inesperadas fronteiras que encontrava no seu apostolado de estudante jesuíta. A esse propósito, cabe-nos salientar que "o serviço apostólico, na vida do jesuíta como na experiência de Inácio, é [...] inseparável do trabalho para mudar a si mesmo, renovar o próprio coração, deixar-se conformar a Jesus Cristo".[35]

Na temporada romana, Luciano continuou o caminho de despojamento de si mesmo, começado com os Exercícios Espirituais do primeiro noviciado, em Nova Friburgo (RJ), para abrir-se sempre mais à vontade divina. A Companhia de Jesus o conduzia, pedago-

---

[33] ALMEIDA, Dia do Pai, p. 2.
[34] Cf. UPP 25-29.
[35] DECLOUX, La via ignaziana, p. 71-72. Tradução nossa.

gicamente, a assumir uma vida de pobreza, não como condição, meramente, ética, mas pela identificação com Cristo e solidariedade com os empobrecidos (cf. 2Cor 8,9).

O pensamento de Santo Inácio de Loyola sobre a pobreza, com certeza, ajudou Luciano a compreender que, para ser companheiro de Jesus, é imprescindível um estilo de vida despojado. O escrito mais significativo sobre este tema é a carta de Inácio aos jesuítas de Pádua (Itália), comumente chamada de "Carta da pobreza". Num momento em que aquela comunidade passava por dificuldades econômicas, o fundador da Companhia de Jesus proporcionou uma reflexão sobre a pobreza interpretada como dom e não como fatalidade.[36]

A convivência de Luciano com pessoas que encarnavam o ideal inaciano de despojamento de forma exemplar foi providencial. Sentiu-se, fortemente, interpelado pelo testemunho do companheiro jesuíta Salvatore Fellini, um jovem que viveu desapegado das coisas materiais até sua morte prematura por causa de uma doença cardíaca incurável. Nada foi encontrado no quarto do colega italiano, a não ser uma batina e uma pequena imagem de Nossa Senhora.[37] A lição do companheiro marcou, profundamente, Luciano, que comentou:

---

[36] Cf. GONZÁLEZ-FAUS, Vigários de Cristo, p. 59.
[37] Cf. UPP 41.

> Como gostaria de aprender dele [Salvatore Fellini] que as coisas materiais servem apenas como meio para fazer um pouco de bem e que é preciso saber aliviar-se delas para ser semelhantes aos pobres.[38]

A identificação com os pobres foi um dos aspectos mais marcantes na evolução da caminhada espiritual de Luciano, desde seu ingresso na ordem jesuíta, à luz da experiência do próprio fundador.[39] Acrescentava-se também a tomada de consciência do mau presente no mundo, para levá-lo a assumir, progressivamente, uma postura de austeridade e pobreza, em vista de uma libertação social e interior. Luciano entrava, aos poucos, no que Segundo Galilea (1928-2010) define como "realismo cristão" dos místicos.[40]

Com esse novo perfil estruturado segundo a escola de Inácio de Loyola, após um longo e austero percurso de discernimento, Luciano foi ordenado presbítero, em 5 de julho de 1958, na Igreja de Santo Inácio, em Roma. Sua formação jesuíta, porém, continuou com a Terceira Provação em Florença (Itália), onde a Companhia de Jesus lhe proporcionou um tempo sig-

---

[38] Ibid., p. 41. Tradução nossa.

[39] Santo Inácio, tendo como eixo fundamental a conformação ao Cristo pobre e a comunhão com os pobres, passou de uma pobreza providencialista a um viver a missão apostólica na pobreza (cf. CABARRÚS, Seduzidos pelo Deus dos pobres, p. 70).

[40] Cf. GALILEA, As raízes da espiritualidade, p. 59.

nificativo de serviço aos pobres ítalo-gregos.[41] Isso fazia crescer em Padre Mendes de Almeida o desejo de não medir esforços para servir os últimos. Nos anos sucessivos, transcorridos no Colégio Pio Brasileiro de Roma,[42] os mais necessitados continuaram sendo o principal objeto de sua solicitude. Havia longas procissões de pobres no portão do colégio romano,

> vindo dos bairros de migrantes desgarrados, recém-chegados do sul da Itália, iam se instalando como podiam nos antigos campos e chácaras da Valcanuta, um pouco além da Via Aurélia, onde ficava o colégio. Também dos hospitais vizinhos chegavam a qualquer hora do dia ou da noite telefonemas de doentes procurando o Pe. Mendes, na certeza de que seriam prontamente atendidos.[43]

O jovem sacerdote brasileiro pautava sua vida religiosa pela opção ministerial do próprio Jesus Cristo, isto é, pela solidariedade, eixo do projeto do Reino (cf. Lc 10,29-37). Encarnando o carisma de sua ordem, vivia tal caridade sem impor-se limites tempo-espaciais. De Santo Inácio de Loyola, aprendia que solidarizar-

---

[41] Cf. EDD 256-257.

[42] De 1960 a 1965, o Pe. Mendes foi destinado por seus superiores a atuar como orientador espiritual e repetidor de Filosofia, no Pontifício Colégio Pio Brasileiro, em Roma. Trata-se de uma instituição que, até pouco tempo atrás estava sob a direção da Companhia de Jesus, e que hospeda membros do clero brasileiro, destinados aos estudos de pós-graduação junto às faculdades ou universidades romanas.

[43] BEOZZO, Dom Luciano, p. 201.

-se com os sofredores significava dar continuidade à contemplação iniciada na oração, porque a comunhão com Deus conduz a empenhar-se pelos irmãos.[44] Chegou a se deslocar de Roma para a Áustria, em catorze horas de trem, para socorrer um refugiado húngaro, para o qual, após ter conseguido um salvo-conduto junto à embaixada do Brasil, em Roma, obteve também permissão de entrada no Brasil.[45]

Além de Santo Inácio, outro mestre, nos tempos da formação, colaborou no desenvolvimento da fisionomia serviçal do Padre Luciano Mendes: Santo Tomás de Aquino (1225-1274). O pensamento do *doctor angelicus* foi objeto de sua pesquisa doutoral em Filosofia. Aprofundando o grande teólogo medieval, o jovem jesuíta carioca concluiu que não é suficiente a inteligência para conhecer o ser humano. Faz-se necessário o amor. Escreveu em sua tese que "o homem não é, com efeito, para seu semelhante um mero objeto de observação externa, os espíritos encarnados comunicam entre si abrindo livremente uns aos outros a riqueza do próprio interior".[46]

---

[44] Cf. DECLOUX, La via ignaziana, p. 142-143.

[45] Cf. EDD 109.

[46] ALMEIDA, A imperfeição intelectiva, p. 14. A tese foi publicada só em 1977 com o título: "A imperfeição intelectiva do espírito humano: introdução à teoria tomista do conhecimento do outro" (São Paulo: Faculdade de Filosofia Nossa Senhora Medianeira).

Pinçando alguns elementos da tese já percebemos traços fundamentais não só do pensamento, mas da própria pessoa de Dom Luciano. Por mais lógico e cuidadoso que tenha sido o trabalho, vasculhando as fontes tomistas com rigor metodológico, atravessa-a uma intuição existencial. [...] Dom Luciano não alimentou a ilusão de um conhecimento penetrante e transparente do outro, nem tampouco o viu como um objeto inacessível e fechado. Conjugará ao longo de sua vida um respeito pelo mistério do outro junto com a proximidade comunicativa.[47]

Tal abertura ilimitada à alteridade, corroborada por todo o patrimônio espiritual inaciano, entusiasmava-o a sonhar com um apostolado além-fronteiras, na África ou no Japão. Todavia, as exigências da ordem prevaleceram e o jovem padre jesuíta, em 1965, voltou à terra natal, para atuar sua missão apostólica indicada pela Companhia de Jesus.[48]

## 1.2.2 A missão apostólica

Para a Companhia de Jesus, a missão apostólica é a razão de sua própria existência, por isso se diz que "o Cristo da Ordem dos Jesuítas é o Cristo Apostólico, o Cristo que trabalha e que convida os seus seguidores, à semelhança dele, a realizarem o trabalho apostólico

---

[47] LIBANIO, Laudatio, p. 82-84.
[48] Cf. DONEGANA-DIAS, Apaixonado por Cristo, p. 23.

do Reino".⁴⁹ Os membros, enviados para realizar uma tarefa apostólica pela causa do Reino, têm sempre em vista o princípio teocêntrico de seu serviço: "Tudo para a maior glória de Deus", na máxima solidariedade com os empobrecidos (cf. Mt 25,35-36). Enganar-se-ia quem interpretasse a missão na vida dos jesuítas apenas como um fato jurídico. Ela se desenvolve a partir da mística dos Exercícios, cujos princípios centrais a alimentam, continuamente.⁵⁰ Nesta perspectiva inaciana, então, deve ser interpretado o retorno do Pe. Luciano ao Brasil, para realizar a missão apostólica recebida dos superiores.

O jovem padre jesuíta encontrou seu país nas mãos dos militares, cujo poder ditatorial fortalecia-se cada vez mais, com a violência sangrenta, perpetrada nas perseguições, torturas, injustiças e abusos de todo tipo. Enfrentou o novo e cruciante momento histórico de sua pátria, colocando-se ao serviço dos oprimidos, ajudando quem fugia da repressão, visitando os prisioneiros políticos.⁵¹

O grande investimento da missão do Pe. Mendes, contudo, aconteceu no mundo universitário, onde se sobressaiu como mestre arguto, de amplos horizontes intelectuais, capaz de elaborar sínteses perfeitas

---

[49] BOHNEN, Pedagogia inaciana, p. 14.

[50] Cf. CABARRÚS, Seduzidos pelo Deus dos pobres, p. 29-31; IPARRAGUIRRE, Gli esercizi ignaziani, p. 52-56.

[51] Cf. EDD 177; ALMEIDA, Nel vivo della storia, p. 6.

que uniam as ideias ao cotidiano. Sua docência de Filosofia deu-se, primeiramente, em Nova Friburgo e, depois, em São Paulo. Lecionou Religião na Faculdade de Engenharia Industrial em São Bernardo do Campo (1967-1968) e colaborou com a capelania universitária em várias faculdades.[52] Na direção da Faculdade Nossa Senhora Medianeira, no km 26 da Via Anhanguera, na periferia da Grande São Paulo, a partir de 1970,

> [...] o testemunho cristão do Pe. Luciano Mendes se faz sentir em três novas direções: na cessão de bolsas de estudo para os alunos que não podiam arcar com a mensalidade escolar; na formação humanitária e cristã dos jovens alunos; e no posicionamento adotado junto aos alunos envolvidos em atividades que o governo julgava subversivas.[53]

Seu compromisso apostólico não era apenas com a verdade, mas também com a justiça. Por isso, com o mesmo rigor com que cumpria as incumbências acadêmicas, recebia os pobres que ocupavam os corredores da faculdade. Em tudo, animava-o a alegria inaciana do serviço.

> Pe. Mendes era, então, em sua simplicidade, um sacerdote jovem, ardoroso, apostólico, cheio de vida, tão profundamente humilde quão profunda era sua cultura, sua piedade e, sobretudo, sua bondade irradian-

---

[52] Cf. EDD 111; DONEGANA-DIAS, Apaixonado por Cristo, p. 23; ENJ 36-38.

[53] ENJ 38.

te e ao mesmo tempo discreta. Era uma figura muito querida entre os jesuítas, seus irmãos, e os alunos da Faculdade Medianeira.[54]

Estas características o acompanharam, também, em outras missões, quer na Companhia de Jesus,[55] quer nos demais âmbitos da Igreja.[56] Elas constituíam já os primeiros sinais do desabrochar de frutos mais notórios e abundantes, em tempos posteriores.

## 1.3 Os frutos

A metáfora dos frutos é sugerida pelo próprio Jesus, que compara as obras do testemunho cristão com os frutos de uma árvore (cf. Lc 6,44-45). A análise dos frutos do testemunho de Dom Luciano Mendes, ao longo de seu episcopado em São Paulo, em Mariana e no serviço à CNBB,[57] mostra a evolução de sua expe-

---

[54] Ibid., p. 39.

[55] Dom Luciano foi encarregado de ser o Instrutor da Terceira Provação na Companhia de Jesus do Brasil (1970-1975) e, entre 1973 e 1975, foi Delegado Interprovincial no Brasil, além de secretário da XXXII Congregação Geral dos Jesuítas, ao lado do Pe. Arrupe. Esta experiência ajudou-o a abrir os horizontes, sentindo-se partícipe dos problemas do mundo inteiro, em tempos difíceis para a Igreja (cf. DONEGANA-DIAS, Apaixonado por Cristo, p. 23).

[56] Foi vice-presidente da Conferência dos Religiosos do Brasil (CRB) e orientou inúmeros retiros espirituais para presbíteros diocesanos, religiosos, religiosas e grupos laicais.

[57] Nossa delimitação não desconsidera o valor da preciosa atuação de Dom Luciano também em outros contextos eclesiais. Sua contribuição foi decisiva para o bom êxito da III Conferência Geral do CELAM, em Puebla (1979), e da IV Conferência Geral do CELAM,

riência espiritual. Essa o conduziu a ser "memória" de Jesus Cristo. De fato, todo cristão, conforme sua vocação específica, pela ação do Espírito, atualiza para o seu tempo a pessoa de Jesus, através da fidelidade ao Evangelho.[58] Nesse sentido, Dom Luciano viveu para os outros e colocou-se ao serviço deles como o próprio Cristo (cf. Jo 13,1-5). Sua atuação não se restringiu a lugares estabelecidos. Nosso bispo fazia-se presente onde estavam os mais necessitados, os excluídos.

### 1.3.1 O bispo da rua

A arquidiocese de São Paulo apresentava desafios pastorais e sociais que requeriam um governo mais articulado. Ciente disso, Dom Paulo Evaristo Cardeal Arns (1921), então arcebispo de São Paulo, pedira à Santa Sé mais dois bispos auxiliares. Entre os dois nomes propostos estava o do jesuíta Padre Luciano Mendes de Almeida, escolhido por Paulo VI como bispo ti-

---

em Santo Domingo (1992). Em Roma, participou dos seguintes Sínodos dos Bispos: sobre o Laicato (1987), sobre a Vida Consagrada (1994), sobre a América (1997), sobre o Ministério Episcopal (2001) e sobre a Eucaristia (2005). Integrou, também, a Pontifícia Comissão de Justiça e Paz (cf. ENJ 63-106). Enfim, destacamos que a imprensa foi a "cátedra" preferida pelo bispo jesuíta para dialogar com o mundo contemporâneo, através de artigos escritos sobre várias áreas temáticas.

[58] Cf. MOIOLI, L'esperienza spirituale, p. 33.

tular de *Turris in Proconsulari* e auxiliar da Arquidiocese de São Paulo, em fevereiro de 1976.[59]

"*In nomine Iesu*" rezava o lema episcopal do novo bispo jesuíta, cuja pauta serviçal despontou desde o primeiro pronunciamento na Catedral da Sé, no dia 2 de maio de 1976:

> Meus irmãos, no dia de minha ordenação episcopal, renovo a oferta de minha pobre vida ao Pai, em união com Jesus Cristo ao serviço dos irmãos. Venho como quem serve, desejoso de colaborar ainda mais com os que já trabalham na vinha do Senhor, continuando a missão do próprio Cristo, mandado pelo Pai sob a ação do Espírito Santo, para revelar seu amor, fonte de vida para todos os homens.[60]

O seu pastoreio realizou-se na área mais desvalida do Leste de São Paulo, a região de Belém, cujas numerosas contradições sociais a tornavam um ingente desafio pastoral. Uma missão, portanto, entre os mais empobrecidos do território paulistano.

Gustavo Gutiérrez (1928) nos recorda que a pobreza corresponde à morte e que o compromisso cristão, animado pela fé e pela esperança, sobretudo, quando

---

[59] O outro era o Pe. Antonio Celso Queiroz, do clero de Campinas e então subsecretário da CNBB. O processo para chegar à finalização da eleição episcopal dos dois encontrou alguns empecilhos "curiais", sucessivamente superados pela confiança depositada pelo próprio Paulo VI no então arcebispo de São Paulo (cf. ARNS, Da esperança à utopia, p. 227).

[60] ENJ 42.

se encontra mais próximo da realidade oprimida pela injustiça, não admite elucubrações artificiais sobre a Ressurreição de Jesus.[61] O "reino de morte" da região Belém não deixava muita escolha a quem quisesse seguir as pegadas libertadoras de Jesus (cf. Mt 15,29-31; At 10,38b). Em entrevista à *Folha de São Paulo*, Dom Luciano explicou que:

> De duas uma: ou você blinda a porta de casa ou entra em comunhão com eles. Esta é uma exigência do lugar, uma região pobre, desativada da cidade. Os que me procuram não têm mais a quem recorrer. Os serviços sociais do Estado são limitados.[62]

O cristianismo não permite neutralidade diante dos empobrecidos. Antes impele, por razões cristológicas, a optar por eles, buscando caminhos de libertação. E Dom Luciano fez sua opção. Ao espaço confortável de um palácio episcopal, preferiu o risco da rua.

A rua é um lugar grávido de paradoxos. É o espaço do encontro e, também, da indiferença. Nela, a paz e a violência reivindicam seu domínio. A rua é o limiar limpo da casa dos ricos, mas também é a "casa" suja dos sem-teto. Além disso, sabemos que desempenhou papel importante na práxis libertadora de Jesus, favorecendo os tantos encontros com marginalizados e necessitados de curas (cf. Mc 5,1-13.21-34; 6,53-56; 7,31-35).

---

[61] Cf. GUTIÉRREZ, Onde dormirão os pobres?, p. 60-61.
[62] KOTSCHO, O bispo dos miseráveis, p. 22.

O próprio Filho do Homem se apresentou como um "Messias de rua", aquele que "não tem onde reclinar a cabeça" (cf. Lc 9,58). Seu estilo missionário foi marcado pela itinerância (cf. Lc 8,1; Mt 9,35), pela provisoriedade, enfim, pela falta de estabilidade e proteção (cf. Mt 8,20). É, justamente, isso que ele propõe a quem se coloca ao serviço do Reino (cf. Lc 9,57-62).[63]

Dom Luciano optou por esse mesmo procedimento da práxis de Jesus, madrugando ao lado dos marginalizados, os únicos a saberem, sempre, onde encontrar seu bispo. O "bispo da rua" tinha sempre tempo para visitá-los nos hospitais ou para servir-lhes uma sopa quente, à noite. Com eles, trocava até sua cama pelo chão.[64]

> Muitos o viram andar pelas praças e ruas, noite avançada, depois de um dia exaustivo, com um saco de cobertores à mão, cobrindo os mendigos com cuidado extremo para não acordá-los.[65]

Como Jesus, também Dom Luciano, por ter privilegiado o povo de rua, pôde conhecer de perto o sofrimento desse povo, sobretudo, da população dos cortiços e dos que buscavam uma digna moradia no "Belenzinho". Além disso, a rua envolvia-o numa ex-

---

[63] Cf. SOUZA-AUGUSTA, O Filho do Homem não tem onde reclinar a cabeça, p. 83.
[64] Cf. ARNS, Da esperança à utopia, p. 267; EDD 201.
[65] MOREIRA, Dom Luciano: um homem de Deus, p. 166.

periência nova, a dos protestos pacíficos ao lado de seus pobres, clamando por justiça. Certa vez chegou a ser apedrejado durante uma manifestação, mas proibiu ao seu povo de responder com a violência e mediou as negociações.[66] Das páginas da *Folha de São Paulo* questionava:

> Acabo de passar pela favela do Tatuapé. Os barracos estão sendo removidos, apesar da chuva e da lama. Para onde vão estas crianças? Será que a inteligência dos homens do governo não poderia enfrentar, com mais eficácia e humanidade, o problema dos cortiços e favelas?[67]

A rua colocou o bispo jesuíta, também, em contato direto com o mundo da marginalização juvenil, a quem ele mesmo apelidara de "filhos da rua".[68] Eram meninos e meninas com histórias, quiçá, diferentes das que tinha escutado no Instituto Gabelli de Roma, mas portadoras da mesma amargura. Tal situação constituía, para Dom Luciano, a maior chaga social do Brasil, que teria gerado pessoas incapazes de colaborar para a construção de uma nova sociedade. Por isso, exortava:

---

[66] Cf. KOTSCHO, O bispo dos miseráveis, p. 22; EDD 275-282; ALMEIDA, Condomínio popular, p. 2.
[67] ALMEIDA, "Ação de Natal", p. 2.
[68] UPP 66. Tradução nossa.

Trata-se de captar, de uma vez para sempre, que os menores não são causas da situação de carência, mas vítimas da própria sociedade que não está organizada para valorizar, acolher e promover a criança e a dignidade da pessoa humana. [...] Optar pelo menor é subordinar a dimensão econômica e política à dignidade da pessoa humana.[69]

Para nosso bispo, os inúmeros menores sem família tinham o direito de experimentar a existência de uma comunidade de irmãos e irmãs em busca de soluções humanas e solidárias para a situação deles, e os menores infratores precisavam ser dispensados de qualquer forma de violência física ou verbal.[70] Em função disso, com o apoio de Dom Paulo Evaristo Arns, fundou, em 1977, a Pastoral do Menor na Arquidiocese de São Paulo.

A rua, finalmente, foi o "altar" da proximidade entre Dom Luciano e os abandonados deste mundo. Sobre aquele "altar" se consumou o sacrifício da caridade, através do fogo do serviço. Ousamos afirmar que foi, justamente ali, na rua, que nosso bispo jesuíta celebrou, constantemente, seu culto ao Pai, priorizando os últimos de seus filhos (cf. Is 58,6-7; Pr 17,5; 19,17).

---

[69] ALMEIDA, O encontro ecumênico do menor, p. 2

[70] Cf. UPP 90; ALMEIDA, Menores de rua, p. 2; id., Educadores novos, p. 2; id., Quinta Festa do Belém, p. 2; id., Crianças brincando na praça, p. 2; id., Direitos do menor, p. 2; id., Direitos Humanos, p. 2; id., A serviço do menor infrator, p. 2; id., Por que morrer tão cedo?, p. 2.

Dom Luciano compreendeu, perfeitamente, que Deus se faz amar no próximo (cf. Mt 25,31-46), em cujo caminho, à luz da parábola do Bom Samaritano (cf. Lc 10,29-37), o cristão deve-se pôr. À luz desta experiência pessoal, o bispo da rua postulava: "Continuaremos, como na parábola de Cristo, passando ao lado do desvalido?".[71] Com efeito, é justamente a conversão ao ser humano oprimido que permite se situar na perspectiva do Reino (cf. Mt 19,21), para vivenciar uma espiritualidade libertadora (cf. Is 61,1-2), musicada pelas notas da solidariedade (cf. Lc 12,33-34). Uma solidariedade, porém, não genérica e fria, mas com pessoas concretas, exigindo entrega e capacidade de aproximação (cf. Mc 6,37).[72]

Com poucas palavras resumiu os doze anos de serviço pastoral como bispo auxiliar do arcebispo de São Paulo:

> Nestes anos cresceu, à luz do Evangelho, a descoberta de que a universalidade do amor cristão deve se harmonizar com as exigências do amor preferencial aos mais pobres, crianças carentes, moradores de cortiços e sofredores de rua. Sofrem mais o desrespeito da dignidade da pessoa humana.[73]

---

[71] ALMEIDA, Em favor dos enfermos, p. 2.
[72] Cf. GUTIÉRREZ, Teologia da libertação, p. 250-259; id., Beber em seu próprio poço, p. 129.
[73] ALMEIDA, Palavra de gratidão, p. 2.

Na perfeita conjugação entre fé e práxis transformadora, no Pentecostes de 1988, partiu de São Paulo para Mariana. Deixou na Arquidiocese paulistana fecunda contribuição de novas iniciativas pastorais. A saber: Centros Educacionais Comunitários; Pastoral do Menor, da Moradia, do Mundo do Trabalho, dos Direitos Humanos, dos Cortiços, dos Sem-Teto.[74]

## 1.3.2 O pastor do rebanho

A notícia da transferência de Dom Luciano para Mariana foi acolhida entre críticas à nomeação romana e reconhecimento de tributo à Arquidiocese primaz de Minas Gerais, por ser ele uma figura prestigiosa do episcopado latino-americano. Falou-se até de condenação do bispo jesuíta ao "exílio" entre as montanhas mineiras. O próprio Dom Luciano, despreocupado com elevações ou regressões eclesiásticas, interpretou o fato à luz de seu ideal de vida: servir aos irmãos em nome de Jesus. Para ele, o importante não era o lugar, mas sim a pessoa humana a quem se deve servir.[75] Portanto, é possível levantar a hipótese que entre uma sede episcopal mais prestigiosa e mais cômoda para suas viagens e outra menos vantajosa, Dom Luciano,

---

[74] Cf. FUITEM, Dom Luciano de Almeida, p. 44-45.

[75] Cf. SANTIAGO et alii, Igreja de Mariana, p. 141; TEIXEIRA, Dom Luciano: um testemunho de profecia e coragem, p. 288-289; ALVES, Dom Luciano não considera "exílio", p. 10; ALMEIDA, Palavra de gratidão, p. 2.

51

talvez consultado, tenha optado por esta última, para vivenciar sua solidariedade com os mais desfavorecidos da sociedade.

Se, em São Paulo, o eixo hermenêutico para interpretar o episcopado de Dom Luciano como auxiliar daquela Arquidiocese foi a rua, agora, em Mariana, é o pastoreio do povo de Deus. Jamais, porém, o bispo jesuíta abandonou o estilo "nômade" e despojado que vivera na temporada paulistana.

A metáfora do pastor, de matiz bíblica, serviu para falar de Deus no Antigo Testamento (cf. Gn 49,24; 48,15; Sl 23,1; 80,1; Jr 31,10; Os 40,11; Ez 34,11-21) e, no Novo Testamento, é usada por Jesus para se autorrevelar como o bom pastor escatológico (cf. Jo 10,1-18). A Sagrada Escritura reconhece quatro peculiaridades da arte de pastorear. O pastor é aquele que conduz o rebanho (cf Jo 10,4); preocupa-se com a vida das ovelhas (cf. Jo 10,3); protege-as (cf. Jo 10,10-11) e, finalmente, permanece, afetivamente, unido a elas (cf. Jo 10,14). Nesta mesma linha, procedem as relações bíblicas de Deus com seu povo, alcançando plenitude na pessoa e no ministério de Jesus. Portanto, é Cristo, dando sua vida pelo rebanho (cf. Jo 13,1), o paradigma para qualquer função pastoral na comunidade cristã.[76]

O ministério episcopal de Dom Luciano, em Mariana, pautou-se por essa linha bíblica. Nada havia,

---

[76] Cf. BOSETTI-PANIMOLLE, Deus-Pastor na Bíblia, p. 21-68.

em sua ação pastoral, de puramente burocrático ou administrativo. Tudo era norteado pela inquietação constante de toda a sua vida: "Em que posso servir?". Em 28 de maio de 1988, ao assumir como duodécimo pastor e quarto arcebispo da Arquidiocese mineira, apresentou-se apenas como irmão vindo para servir e não para ser servido (cf. Mt 20,25-28). Naquele ensejo solene, afirmou, publicamente, que seu serviço, como o de Jesus, teria predileções: as crianças, os pobres, os abandonados e os doentes (cf. Mt 8,2; 19,14; Mc 6,55-56). Convidava a todos, enfim, a não cruzarem os braços diante dos problemas da fome, da falta de moradia digna, da precariedade empregatícia e de outros desafios sociais presentes no território da Arquidiocese de Mariana.[77]

Se optar pelos mais desfavorecidos da sociedade significa, essencialmente, optar pelo Deus do Reino anunciado por Jesus (cf. Lc 6,20), então o ministério de Dom Luciano, em Mariana, teve uma impostação, indiscutivelmente, teocêntrica. De fato, a preferência pelo pobre não se baseia numa questão de superioridade moral ou religiosa. O compromisso com os desvalidos da sociedade, que não se limita ao âmbito social, fundamenta-se na predileção de Deus pelos fracos e oprimidos da humanidade (cf. Ex 3,7-10; Am

---

[77] Cf. ALMEIDA, Palavra do novo arcebispo, p. 813.

2,6-8; Mq 6,6-8; Sf 2,3; Pr 17,5; 21,13; 19,22; Sl 7,9-18; 35,24; 40,17; 98,2; 129,4; 138,6).[78]

> Se Jesus privilegiou os pobres, conforme observado, é para mostrar a todos, também aos ricos, a verdadeira imagem do Reino. Antes, como sugere o anúncio dos anjos aos pastores (Lc 2,10-11), o conteúdo da grande notícia é que o Salvador, Cristo Senhor, apareceu na forma de um pobre.[79]

Nesse sentido, então, o pastor de Mariana priorizou os últimos e levou seu rebanho para pastagens libertadoras, não com palavreado consolador, mas buscando soluções duradouras. Tal busca seguiu duas linhas: a da conscientização das pessoas e a da criação de obras sociais. Através da primeira, Dom Luciano tinha, em seu horizonte, vontade de auxiliar seu povo a protagonizar o desenvolvimento do bem comum, a partir do reconhecimento do valor da dignidade de cada pessoa humana. De fato, num de seus escritos pastorais sobre a missão política, enfatizou que o próprio compromisso evangelizador leva, necessariamente, à promoção integral do ser humano, buscando um bem universal mais abrangente e permanente.[80]

Quanto às obras sociais, seguia, como autêntico jesuíta, a indicação de Santo Inácio, isto é, que a cari-

---

[78] Cf. GUTIÉRREZ, Onde dormirão os pobres?, p. 15-18.
[79] MAGGIONI, Nas raízes do seguimento, p. 49.
[80] ALMEIDA, Nossa missão política, p. 5.

dade passa por gestos concretos mais do que por palavras, porque a fé sem as obras está morta (cf. Tg 2,14-17).[81] Explica-se assim, então, a fundação da Casa da Figueira, para crianças e jovens portadores de necessidades especiais. O nome da instituição foi escolhido à luz do trecho evangélico de Lc 13,6-9a, onde Jesus se pronuncia em favor dos que são aparentemente inúteis. Os deficientes físicos e mentais, ali acolhidos até hoje, recebem todo amor e cuidado, através de acompanhamento terapêutico, de cursos de alfabetização e ensino especial, de oficinas para a produção de trabalhos.[82] Outra obra social foi a Escola Profissionalizante de Artes e Ofícios São José, para a formação profissional e espiritual dos menores carentes. Dom Luciano era convicto de que "a sociedade que aprende a valorizar a criança, os menores, os pequenos torna-se capaz de superar a ânsia do lucro, a vontade de dominação, o arbítrio da violência".[83] Tal valorização, segundo o bispo jesuíta, não terminava com a criação de instituições, mas exigia uma conversão expressa no amor para com os menores carentes e o compromisso para um novo modelo de sociedade.[84] Criou, também, o Centro de Valorização à Vida (CEVAVI), para a promo-

---

[81] Cf. EE 230.
[82] Cf. CM, n. 485, out. 1984, p. 1955-1956.
[83] ALMEIDA, Nova ordem social, p. 2.
[84] Cf. id., Bem-estar social do menor, p. 2; id., O rosto da criança pobre, p. 2; id., São os menores que alegram nossa vida, p. 2.

ção do direito à vida e da paternidade e maternidade responsáveis. Enfim, em tempos difíceis para as comunidades rurais da Arquidiocese, o arcebispo elaborou o projeto Comunidade Educativa Popular Agrícola (CEPA), com o objetivo de auxiliar a vida no campo, do ponto de vista humano e cristão.[85]

Como destacamos, o pastor na Bíblia é, primeiramente, aquele que guia o rebanho, desempenhando, assim, um papel fundamental de liderança. Sob tal aspecto, o serviço de Dom Luciano como pastor de Mariana foi rico de criatividade. Deu uma nova configuração pastoral à Igreja de Mariana através dos Planos de Evangelização, da implantação de cinco regiões pastorais e respectivos vicariatos regionais, da reestruturação dos conselhos pastorais e administrativo, entre outros. Preocupou-se, sobretudo, em transmitir a seus presbíteros e seminaristas o anseio de servir a todos, partindo dos marginalizados. Incentivava-os, à luz do mandato missionário de Jesus (cf. Mc 16,15-18), a vivenciarem, missionariamente, o anúncio do Reino também além dos confins geográficos da Igreja local.[86] Seu espírito missionário despontou desde seu ingresso na Arquidiocese de Mariana, quando exortou publicamente: "Que os membros de nossa Arquidiocese, falo aos seminaristas e ao jovem clero, não tenham medo de ir para longe, de ir para a África, de ir para

---

[85] Cf. SANTIAGO et alii, Igreja de Mariana, p. 152.
[86] Cf. ibid., p. 148-154; DILASCIO, Abertura das comemorações, p. 23.

a Ásia, de ir para lugares mais pobres do Brasil e da América Latina".[87]

Finalmente, ressaltamos que Dom Luciano foi pastor do rebanho exercendo sua autoridade ministerial, não através de autoritarismo, e, sim, pela proximidade. Tal estilo nos remete, novamente, à relação bíblica pastor-rebanho e, por comparação, Deus-povo, cuja aliança supera qualquer aspecto puramente jurídico para alcançar o plano afetivo (cf. Ez 34,11-16).[88] Assim, o bispo jesuíta viveu seu ministério pastoral em Mariana não como fria obrigação canônica a ser cumprida, mas com plena disponibilidade a partilhar do sofrimento alheio através da visita, da escuta, do socorro.[89] Nem um grave acidente automobilístico, em 23 de fevereiro de 1990,[90] conseguiu mudar seu perfil de constante entrega ao outro. Aliás, diga-se de passagem, o reforçou. Entre a vida e a morte, mesmo não podendo falar, enviava suas mensagens de esperança através de bilhetes. Neles emergia sua preocupação com os outros mais do que consigo mesmo, apesar das catorze cirurgias enfrentadas. Após a longa convalescência, a quem lhe sugeria mais repouso, respon-

---

[87] ALMEIDA, Palavra do novo arcebispo, p. 814.
[88] Cf. BOSETTI-PANIMOLLE, Deus-Pastor na Bíblia, p. 22.
[89] Cf. SANTIAGO et alii, Igreja de Mariana, p. 141.
[90] Na curva de Itabirito (MG), seu carro chocou-se primeiro com um caminhão-tanque e depois com a proteção da pista. Seu acompanhante, o jesuíta Pe. Angelo Mosena, perdeu a vida (cf. ENJ 59).

dia que, por ter tido a vida devolvida por Deus, devia colocá-la ainda mais ao serviço dos outros.[91]

O arcebispo de Mariana, então, personificou o arquétipo bíblico do "Bom Pastor" (cf. Jo 10,14-18) em todos os seus requisitos. Destarte, como salientou o teólogo jesuíta França Miranda (1936), Dom Luciano lembrou-nos dos tempos da patrística quando os bispos, conhecendo bem os anseios e problemas do rebanho e cuidando, sobretudo, dos mais pobres, eram verdadeiramente pastores exemplares.[92] Em seu pastoreio, nosso arcebispo foi além, exerceu também a função de profeta.

### 1.3.3 O profeta dos injustiçados

No testemunho de Dom Luciano, não emerge apenas a marca do pastoreio, mas também a da profecia. Tal aspecto ficou notório durante seus mandatos de Secretário-Geral (1979-1987) e Presidente (1987-1995) da Conferência Nacional dos Bispos do Brasil (CNBB). Nestas atribuições eclesiásticas, o bispo jesuíta não se preocupou apenas com a coordenação do episcopado brasileiro. Tornou-se voz profética da causa de inúmeros injustiçados dentro e fora do Brasil. Irmã Neusa

---

[91] Cf. MENDES-AZEVEDO (Org.), Bilhetes de Dom Luciano, p. 7-11; QUEIRÓZ, "Dom Luciano foi uma pessoa diferente", p. 150.

[92] Cf. MIRANDA, Dom Luciano: o cristão, o jesuíta, o pastor, p. 78.

Simões (1924-2013), fiel colaboradora de Dom Luciano naquele tempo, escreveu:

> Sua palavra mansa, delicada, mas incisiva, jamais se tem calado em defesa dos mais abandonados. [...] Jamais o vi furtar-se ou relutar em atender a qualquer solicitação, quando se tratava de causa da Igreja, dos pobres e de todos os injustiçados e menos favorecidos.[93]

Na Sagrada Escritura, os profetas conjugam, perfeitamente, a causa de Deus com a causa dos oprimidos (cf. Am 5,7.21-23; 8,4-7; Mq 6,6-8; Jr 22,16s). São homens tão mergulhados no mistério de Deus que até podem ser considerados verdadeiros místicos que contemplam o rosto de Deus na história de seu povo, diante do qual se põem como "homens da crise". De fato, se por um lado outras categorias de liderança, como, por exemplo, reis, sacerdotes e sábios, encobriam os problemas, os minimizavam ou até os justificavam, por outro, os profetas os denunciavam, publicamente, para que o povo tomasse consciência e se posicionasse, criticamente, diante de tais situações (cf. Am 8,6; Jr 22,13-16; 23,9-40).[94]

Nessa mesma linha profética, Dom Luciano, nos anos de serviço à CNBB, falou abertamente, em diferentes contextos, sobretudo das duas grandes emer-

---

[93] ENJ 50-51.
[94] Cf. SOARES, Reler os profetas, p. 21-27.

gências a serem enfrentadas no Brasil: reforma agrária e demarcação de áreas indígenas. Para o bispo jesuíta, a questão fundiária era de fundamental importância para a sobrevivência da maioria dos brasileiros. A reforma agrária, para ele, não devia apenas favorecer o acesso à terra, mas também regulamentar o trabalho no campo e fazer justiça aos lavradores.[95] Além disso, insistia sobre a demarcação das terras indígenas, porque sabia que para os índios a terra está ligada à própria identidade cultural.[96] As injustiças do campo e as opressões sofridas pelas populações indígenas foram assunto de numerosas intervenções nos meios de comunicação,[97] de reuniões com os poderes públicos[98] e de conferências. Na VIII Conferência Nacional de

---

[95] Cf. ALMEIDA, Promover a reforma agrária, p. 2; id., A conquista do campo, p. 2; id., Promover o homem do campo, p. 2; id., Reforma agrária, p. 2.

[96] Cf. id., Flores de vida, p. 2; id., Em defesa dos povos indígenas, p. 2; id., Terra e vida dos povos indígenas, p. 2; id., Direito dos índios, p. 2.

[97] Cf. id., Servir à nação, p. 2; id., Última semana, p. 2; id., A família, a criança e o idoso, p. 2; id., A dignidade dos empobrecidos, p. 2; id., O direito à vida, p. 2; id., Esperança para os povos indígenas, p. 1; id., Terra de irmãos, p. 2; id., Tempo e terra, p. 2.; id., Direito à verdade, p. 2; id., Compromisso com o índio, p. 2; id., A conquista do campo, p. 2; id., O trigo e a ganância da terra, p. 2; id., Povo, Constituinte e nações indígenas, p. 2; id., Cimi e mineração, p. 2.

[98] Em 13 de junho de 1985, em audiência com o Presidente José Sarney, Dom Luciano trata do assunto da terra e de outras problemáticas sociais (cf. CM, v. 34, n. 390, p. 687.). Em 8 de outubro de 1985, em entrevista com o Ministro da Guerra, Leônida Pires Gonçalves, trata, entre outros assuntos, do problema da reforma agrária. No mesmo dia, ao se reunir com o Ministro de Minas e Energia, Aureliano Chaves, conversa sobre a necessidade de não abrir áreas indígenas para a mineração (cf. CM, v. 34, n. 394, p. 1368).

Saúde, em Brasília, diante de cinco mil congressistas, Dom Luciano solicitou, veementemente, a proteção da saúde dos índios e a promoção de atendimento sanitário às classes pobres da sociedade.[99]

O profeta bíblico é, também, "homem do presente", cuja profecia, antes de se referir ao futuro, atualiza a Palavra do Senhor para solicitar uma ação em vista de uma transformação do "aqui e agora" do povo (cf. Os 14,2-10).[100] De igual modo, o olhar profético de Dom Luciano captava a sociedade brasileira dividida entre os privilégios de minorias e a marginalização da maioria do povo, na espera de soluções básicas para uma real promoção da dignidade humana.[101] Denunciou, portanto, o crescimento de injustiças que levavam a um progressivo empobrecimento do Brasil e de toda a América Latina. Não silenciou o aumento de formas de violência contra crianças e jovens.[102] No entanto, a postura crítica de Dom Luciano não era a de um observador externo, mas sim a de um verdadeiro profeta, em plena solidariedade com seu povo.

Como os profetas bíblicos, Dom Luciano tomou o partido dos injustiçados, sem qualquer retórica.

---

[99] Cf. CM, v. 35, n. 398, p. 200.

[100] Cf. FISICHELLA, Profezia, p. 836.

[101] Cf. CM, v. 41, n. 462, p. 1001-1002; ALMEIDA, Esperar e ter esperança, p. 2; id., Exame, p. 2; id., A conquista do campo, p. 2.

[102] Cf. CM, v. 41, n. 465, p. 1966-1968; ALMEIDA, Bem-estar social do menor, p. 2; id., Criminalidade juvenil e recuperação, p. 2; id., Juninho, Jesuíno e Joílson, p. 2.

Consequentemente, o encontramos ao lado do Pe. Josimo Tavares (1953-1986), sacerdote que dedicou sua vida pela causa dos trabalhadores rurais, até ser barbaramente assassinado em Imperatriz (MA), em 10 de maio de 1986. Para o Pe. Josimo, o então Secretário-Geral da CNBB pedia, em vão, proteção e justiça.[103] Viajou a Roraima para solidarizar-se com o povo indígena Yanomami, cuja sobrevivência ficara em perigo pela invasão, em suas áreas, de garimpeiros e grupos interessados na extração de madeira e minerais. Continuou a acompanhar a difícil situação dos Yanomami e a promover ações em favor desse povo indígena. Reuniu-se em Brasília com cerca de trinta parlamentares de diferentes partidos, representantes do Conselho de Defesa dos Direitos da Pessoa Humana, da OAB e de outras entidades. Defendeu publicamente o então bispo de Roraima, Dom Aldo Mogiano, promotor dos direitos dos índios Yanomami, das falsas acusações de ser o autor de conflitos entre população indígena e fazendeiros. Ademais, Dom Luciano se fez também porta-voz dos índios Krenak (Belo Horizonte-MG), para a conclusão do processo de demarcação de terras, e do povo Arara (Aripuanã-MT), para a recuperação de suas áreas. Gritou contra o massacre dos indefesos índios Tikuna (Benjamim Constant-AM).[104]

---

[103] CM, v. 38, n. 433, p. 1268; ALMEIDA, Padre Josimo Moraes Tavares, p. 2.

[104] Cf. CM, v. 35, n. 417, p. 1731; CM, v. 37, n. 427, p. 1960; ALMEIDA, Ianomâmi, p. 2; id., Os ianomâmi: apelo urgente, p. 2; id., Lições da Semana Santa, p. 2; id., A paixão dos índios Tikuna, p. 2 CM, v. 38, n. 430, p. 663; CM, v. 41, n. 465, p. 1831.

> Cidadãos comuns e pessoas de Igreja – bispos, religiosos, fiéis – perseguidos injusta e arbitrariamente encontravam, em Dom Luciano, o homem corajoso que cobrava do Estado o respeito pelos direitos fundamentais. Frequentou os palácios, os ministérios, as secretarias, não como cortesão, e as delegacias, as prisões, não com as imunidades do direito, mas como *persona non grata*, porque significava a consciência ética e crítica a um regime truculento e insensível a tais apelos.[105]

O profetismo do presidente da CNBB ultrapassou as fronteiras brasileiras. Já como Secretário-Geral pisara terras sangrentas, por exemplo, em El Salvador e Nicarágua, como missionário da solidariedade da Igreja brasileira. Em março de 1980, em El Salvador, participou dos funerais do mártir Dom Oscar Romero. Naquela ocasião, sua vida e a dos demais participantes ficou em perigo por horas, por causa da explosão de uma bomba e de vários tiroteios. Na Nicarágua, em maio daquele mesmo ano, levou a solidariedade da CNBB aos supérstites do trágico terremoto e dos bombardeios acontecidos durante a revolução.[106] Continuou a percorrer o mundo, também, nos dois mandatos de presidência da CNBB. Entre todas as viagens, a mais significativa foi ao Líbano. De 10 a 15 de janeiro de 1988, aceitando o convite do Patriarca Maronita Mons. Nasrallah Sfeir e da Comunidade Libanesa

---

[105] LIBANIO, Laudatio, p. 89. Grifo do autor.
[106] Cf. CM, v. 29, n. 330, p. 326-327.

no Brasil, visitou o Líbano, onde estava em curso uma guerra civil. No meio de tantos riscos, encontrou várias autoridades religiosas e políticas locais, incentivando a trilharem o caminho do diálogo. Além disso, visitou os campos de refugiados cristãos, os edifícios bombardeados e conversou com as próprias vítimas do conflito libanês. A um povo martirizado pela guerra civil, Dom Luciano levou sua contribuição pessoal para a reconstrução da paz. Em vista disso, colocou seriamente em perigo a própria incolumidade física.[107] Com um texto improvisado, recordou um episódio expressivo da situação-limite vivida no Líbano:

> A gente só podia andar com carros armados, daqui para lá, e de madrugada vejo o Jajá [Samir Farid Geagea, dito também Samir Jajá, ndr], que era o chefe da revolução libanesa, quatro horas, conversar a sós comigo. Não sabia o que dizia, e um tanque na porta, esperando explosões. E eu sozinho ali. Não podia falar com ninguém, só com Deus. Ele falava, falava, falava, e eu ouvia, ouvia, ouvia. Depois ele foi embora, os carros se retiraram naquela madrugada de medo e de confiança em Deus.[108]

O teólogo Bernard Häring (1912-1998), ao esboçar as grandes linhas do profetismo contemporâneo, conclui que "os verdadeiros profetas sabem ler os sinais

---

[107] Cf. ALMEIDA, Missão do Líbano, p. 2; id., Rezar pelo Líbano, p. 2; CM, v. 37, n. 418, p. 61-62.

[108] ALMEIDA, Palavras de agradecimento, p. 56-57.

dos tempos. Empenham-se pela justiça e a paz, numa evangelização que promove o crescimento das pessoas e a unidade entre os crentes e entre os homens de boa vontade".[109]

Nestas palavras, encontramos uma perfeita síntese da dimensão profética vivenciada por Dom Luciano. Seu profetismo não se apagou com a morte, ocorrida em 27 de agosto de 2006. Os inúmeros injustiçados de todas as raças e cores, socorridos por ele, desfilando numerosos em seu funeral, foram os sinais visíveis de uma memória que permaneceu para provocar reflexão e mudança no modo de viver a vida humana à luz da fé cristã. De fato, "em seus funerais, o Santuário de N. S. do Carmo, em Mariana, assistiu a um interminável desfile de rostos: de crianças e anciãos, de mendigos a presidente da República. Rostos índios e brancos, negros e estrangeiros, marcados pela dor e pela esperança".[110]

Na verdade, os verdadeiros profetas nunca morrem, porque sua vida não fica como biografia a ser guardada num arquivo de museu, mas como legado a ser cumprido. O de Dom Luciano não deixa espaço a interpretações desvirtuadas. Ficou patente, até nas últimas palavras, acrescentadas pelo pedido de promessa, pronunciadas ao ouvido do irmão Luiz Fernando.

---

[109] HÄRING, profeti, p. 1281.
[110] SANTIAGO et alii, Igreja de Mariana, p. 172.

Antes de ser sedado, solicitou: "Meu irmão, eu não sei se vou sair disso. Se não sair, se Deus me chamar, eu lhe peço: não abandone meus pobres".[111]

## 2. Raízes inacianas da espiritualidade de Dom Luciano

O testemunho de Dom Luciano Mendes não teve, apenas, um desenvolvimento histórico. Foi, também, fruto de uma rica espiritualidade que o alicerçou, conduzindo-o a uma experiência de total entrega à vontade de Deus e de serviço ao próximo, conforme já afirmamos.

Toda espiritualidade fundamenta-se na compreensão teológica do ser humano, habitado pela vida e pela graça (cf. Ef 1,3-14). Por isso, a vida espiritual se realiza pela ação do Espírito Santo na existência humana, para que o Pai realize sua vontade nela e a pessoa tenha as condições necessárias para atuar o projeto divino de santidade (cf. Rm 8,14-17).[112] Em síntese, "ao se formular uma definição de 'espiritualidade', poder-se-ia expressar assim: a unidade entre o dever viver, aqui, agora, e o projeto evangélico originário expresso na fé em Cristo e na Igreja".[113]

---

[111] ALMEIDA, Ele está aqui conosco, p. 16.

[112] Cf. SALVADOR, Compêndio de Teologia espiritual, p. 163-166; BERNARD, Teologia spirituale, p. 49-51.

[113] ZEVINI, Rapporto tra Parola di Dio e spiritualità, p. 22. Tradução nossa.

Dom Luciano vivenciou essa unidade à luz do caminho traçado por Inácio de Loyola, cuja experiência mística o atraiu e marcou, profundamente. Ele mesmo declarou:

> Sinto-me muito bem entre os jesuítas, e tudo o que tenho, aquele pouco que tenho de vida espiritual, recebi-o através da espiritualidade inaciana. Conservo para Santo Inácio uma devoção filial, porque me parece ser o homem que abre os caminhos da oração, do amor pela Igreja e, sobretudo, do impulso missionário.[114]

É impossível, então, efetuar uma compreensão coerente do testemunho de Dom Luciano Mendes de Almeida prescindindo da espiritualidade inaciana.

O caminho espiritual proposto por Inácio de Loyola, e trilhado por Dom Luciano, enraizado na concepção dinâmica de Deus, pretende suscitar um contínuo progresso no interior do ser humano. Com efeito, conforme a reflexão do místico espanhol, a Trindade doa a redenção ao ser humano e o estimula para uma ação na história, na identificação com a pessoa de Jesus Cristo (cf. Rm 8,29). O ser humano, por sua parte, associa-se à obra redentora do Filho de Deus, através da prática do serviço. Tem sempre como horizonte a entrega total de si mesmo à vontade divina, na contínua busca do *magis*, que no vocabulário inaciano representa o critério de discernimento que induz a progredir,

---

[114] UPP 32. Tradução nossa.

continuamente, para a realização da "maior glória de Deus". É, justamente, a "maior glória de Deus" o princípio unificador da espiritualidade inaciana. Ao serviço dela a pessoa se coloca através do imprescindível serviço ao próximo (cf. 1Jo 4,20).[115]

## 2.1 Buscar a Deus em todas as coisas

O itinerário espiritual do fundador da Companhia de Jesus encontra sua síntese na fórmula: "Buscar a Deus em todas as coisas". Santo Inácio, sempre a partir de sua experiência pessoal e nunca por simples convicção teórica, a usa para afirmar que não há realidade ou circunstância que não seja oportunidade de encontro com Deus e de serviço à sua Majestade.[116]

> O *contemplativus in actione*, ou "achar Deus em todas as coisas", não tem nada de fuga do real ou de subjetivismo intimista. Trata-se da experiência concreta e militante do que significa a vida no Espírito e pelo Espírito, na lenta e paciente configuração da história – pessoal e social – segundo o homem novo, Jesus Cristo. Em outras palavras, é o que Paulo chama "liturgia da história" (Rm 12,1).[117]

---

[115] Cf. DIEGO et alii, Magis, p. 1166; PALAORO, A experiência espiritual de Santo Inácio, p. 28-49.

[116] Cf. STIERLI, Buscar a Deus em todas as coisas, p. 75.

[117] PALÁCIO, Para uma teologia do existir cristão, p. 170.

A proposta do fundador aos membros da Companhia de Jesus, que se pode aplicar a todo cristão, explicita-se nestes termos:

> Todos se esforcem por ter a intenção reta não somente quanto ao estado de vida, mas também quanto a todos os seus pormenores, pretendendo sempre puramente servir a divina Bondade, e agradar-lhe por causa de si mesma, e por causa do amor e benefícios singulares com que nos preveniu, mais do que por temor do castigo ou esperança do prêmio, embora também disto se devam ajudar. E sejam frequentemente exortados a procurar em todas as coisas a Deus nosso Senhor, arrancando de si, quanto possível, o amor de todas as criaturas para o pôr todo no Criador delas, amando-o em todas, e amando a todas nele, conforme a sua santíssima e divina vontade.[118]

A meta apontada por Santo Inácio baseia-se na consideração da realidade como "lugar teológico", onde é possível, através de um olhar de fé, encontrar o mistério de Deus em todas as coisas (cf. Rm 8,28). Eis a explicação oferecida por nosso bispo jesuíta:

> S. Inácio dizia que o homem de oração é chamado a ver e a descobrir a presença de Deus em todas as coisas, mas é chamado a abismar-se em Deus, no amor dele, e a ver todas as coisas nele. A saber, assim como aquele que se enamora descobre quanto é amado por aquele que o ama e, por meio dos pequenos sinais, percebe o amor do amigo, da mesma

---

[118] Const. 288.

forma o contemplativo aos poucos descobre a presença de Deus nas coisas criadas por ele. Contudo, haverá um momento de graça, no qual não apenas descobre Deus presente nas coisas criadas por ele, mas se abandona ao seu amor de Pai, infinito e gratuito, acredita no amor para sempre; então, tudo quanto lhe acontece não é apenas estrada e caminho para ele, mas é esplendor, glória, raio que vem do Sol, expressão que vem da aurora. É isto que S. Inácio, creio eu, queria expressar quando dizia que é bonito "ver todas as coisas, as pessoas, os acontecimentos em Deus".[119]

A busca de Deus em todas as coisas acontece pela mediação de Jesus Cristo, cujo mistério situa-se entre a Trindade e a Criação (cf. 1Tm 2,5-6). Portanto, "ao invés de descer do alto para encontrar os homens ou partir de baixo para subir a Deus mediante Cristo, a mente e o coração se colocam no centro do Mistério, isto é, em Cristo, onde tudo se recapitula e tudo é levado a cumprimento".[120] Em síntese, a procura de Deus em todas as coisas implica o encontro de toda criatura em Cristo e a descoberta de Cristo em todas as criaturas.[121]

Dom Luciano, à luz de sua experiência espiritual, explicou em que consiste tal perspectiva de fé, tendo como eixo a Pessoa de Jesus Cristo. Com linguagem simples afirmou:

---

[119] ALMEIDA, Esperienza di gratuità, p. 39. Tradução nossa.
[120] BERNARD, La spiritualitá cristocentrica di Sant'Ignazio, p. 184. Tradução nossa.
[121] Cf. STIERLI, Buscar a Deus em todas as coisas, p. 121-127.

> Nós pensamos, às vezes, em Cristo de um modo assim muito difuso, um pouco até difícil de perceber. Mas hoje é tão fácil perceber a presença de Jesus Cristo em cada pessoa. [...] É um olhar de fé. Eu creio que nós todos temos isso, olhar de fé. Cada pessoa humana reflete a presença de Jesus Cristo. Ele dizia isto: "Tudo o que você fizer a ele, a mim você faz". É essa presença de Cristo, não só entre nós, mas em cada pessoa, na situação existencial de cada pessoa.[122]

Tal olhar de fé, cristocêntrico, predispôs Dom Luciano a ser, inacianamente, contemplativo em ação, através do serviço aos irmãos.

> Quem conviveu com ele, na CNBB e nas múltiplas atividades de seu ministério episcopal, tinha a clara impressão de estar diante de alguém totalmente impregnado de Deus, vivendo continuamente em sua presença. Um místico em meio aos cuidados cotidianos, um contemplativo na ação.[123]

Ao amigo italiano Ernesto Olivero (1940), o bispo jesuíta confidenciou que divisava em seu cotidiano a presença misteriosa do Senhor, mesmo não tendo sempre consciência imediata dela. Contudo, duas dimensões a confirmavam: a certeza do amor providencial do Senhor (cf. Mt 6,25-34) e o anseio de cumprir a

---

[122] ALMEIDA, Palavras de agradecimento, p. 50-51.
[123] AGNELO, Um servidor da Igreja e do povo, p. 109.

vontade divina, por meio das tarefas a serem desempenhadas (cf. Mt 7,21.24).[124]

A fórmula inaciana "buscar a Deus em todas as coisas" não designa uma contemplação imobilizada em si mesma. Ela, dinamicamente, obriga a descobrir a vontade de Deus, para cumpri-la em todas as circunstâncias da vida, mesmo naquelas inesperadas. A Pessoa de Jesus Cristo é assumida como critério de discernimento.[125] Com efeito, na espiritualidade inaciana,

> Jesus Cristo se acha no centro desta procura da vontade de Deus; e isto de duas maneiras. Primeiro, como exemplo de liberdade total "para o puro serviço do Pai eterno". [...] Jesus, cujo "alimento" consistia em "fazer a vontade do Pai", desde a Encarnação até a cruz, torna-se, assim, o arquétipo e o modelo daquele que cumpre a vontade de Deus em todas as coisas. Em segundo lugar, por sua pessoa, sua vida e seu ensinamento, Cristo revela a vontade divina; ele a encarna para os homens: "Escutai-o". [...] Todo dom de si acaba então em "sofrer com ele", visto que ele é a medida e expressão de todo serviço.[126]

Dom Luciano, norteado por estes princípios espirituais inacianos, procurava corresponder ao querer de Deus em seu cotidiano corriqueiro, cujos imprevistos interpretava como "articulações previstas pelo

---

[124] Cf. UPP 47.
[125] Cf. STIERLI, Buscar a Deus em todas as coisas, p. 127-132.
[126] Ibid., p. 130.

Senhor",[127] portadoras de vantagens para vida.[128] Até na trágica experiência do acidente automobilístico, desvendou a vontade de Deus, que, conforme sua percepção interior, ao lhe devolver a vida, lhe pediu uma entrega maior para o bem dos irmãos.[129]

Ressaltamos que, para Santo Inácio, a busca de Deus em todas as coisas não é apenas uma atividade externa, mas pressupõe uma postura interna, isto é, uma "intenção reta" que disponha a se colocar ao serviço da divina Majestade, em cada momento, até o mais insignificante. Tal procedimento comporta a orientação de toda ação humana para Deus, tomando consciência de que as ocupações da vida, tanto quanto a prática da oração, permitem servi-lo.[130]

Dom Luciano, ao retratar a si mesmo como "homem apaixonado pelo presente",[131] mostrava manter viva tal postura interior, vendo, em cada instante, uma oportunidade para se encontrar com Deus. Merece destaque sua concepção do presente:

> É aquele instante de transparência da consciência em que alguém é chamado a entrar em comunhão com Deus no evento, a dividir o sofrimento e a alegria

---

[127] UPP 45. Tradução nossa.
[128] Cf. ibid., p. 45.
[129] Cf. QUEIROZ, "Dom Luciano foi uma pessoa diferente...", p. 150.
[130] Cf. STIERLI, Buscar a Deus em todas as coisas, p. 132–137.
[131] UPP 53. Tradução nossa.

> na presença de Deus. Alguém é consciente quando se faz presente, se sente chamado a compartilhar, consigo mesmo, a plenitude do momento presente, da amizade, do trabalho, do desafio, do sofrimento. Isso me parece ser lindo, por um lado, porque se tem sempre algo a fazer, sendo chamado a viver o desafio do momento presente, por outro, tem um pouco de paz, porque todo momento traz consigo uma beleza especial, um pouco da graça de Deus.[132]

À luz de tal perspectiva inaciana, as viagens e as reuniões, os inúmeros atendimentos e os problemas a serem resolvidos não constituíam um empecilho à contemplação do bispo jesuíta. De fato, conforme ele mesmo revelou, vivenciava a sua oração, não pela meditação de textos profundos de espiritualidade, e sim pelo simples e profundo fato de sentir a presença do Senhor, no meio das atividades ordinárias, conforme Santo Inácio pede aos membros da Companhia de Jesus.[133] Imbuído da espiritualidade de seu fundador, intuía que

> não se pode pensar que a contemplação se faça exclusivamente no retiro, abandonando as pessoas que sofrem, que lutam. Com a graça do Senhor pode-se fazer uma experiência singular de oração, que

---

[132] Ibid., p. 53. Tradução nossa.

[133] Cf. ibid., p. 46-47. Enganar-se-iam os que, ao interpretar estas observações, concluíssem que Dom Luciano rejeitasse a oração. Dom Luciano era um homem de oração. Eucaristia, Liturgia das Horas e oração mariana do terço eram, de fato, os três momentos cotidianos e imprescindíveis da sua vida de oração (cf. ibid, p. 47-48).

continua na experiência da solidariedade com quem se encontra doente, com quem sofre nos cárceres, nas favelas, nos cortiços [...]. É importante entender que o Senhor se faz presente como alguém se faz presente ao seu irmão. Assim como Cristo, está presente e unido a nós, quer que também nós estejamos presentes na vida dos outros, levando o alívio da solidariedade, a alegria da partilha de vida e a possibilidade de crescer na amizade.[134]

O palavreado de Dom Luciano não era abstrato. Nascia da vivência pessoal, na qual, direcionando toda sua ação para a "maior glória de Deus", experimentava que a solidariedade não subtraía tempo à oração, antes a qualificava, oferecendo-lhe novas circunstâncias para que se adequasse à situação concreta na qual se encontrava.[135] Além disso, vivia o que, para Inácio, constitui a meta da busca de Deus em todas as coisas, isto é, o amor grávido de discernimento e traduzido em serviço. Por isso, ciente de que não existe dicotomia entre ação e contemplação, Dom Luciano sustentava que

> contemplar é ver o Senhor presente, quer na meditação pessoal, quando se faz luz e nos comunica sua vida, quer na convivência com estes irmãos que se encontram em condições desumanas. A unidade é dada pelo amor que prolonga a comunhão com Deus

---

[134] Ibid., p. 69-70. Tradução nossa.
[135] Cf. ibid., p. 70.

e com os irmãos. [...]. O Senhor está sempre presente. Somos nós que devemos aprender a nos tornarmos presentes ao Senhor, na experiência do seu amor.[136]

Tal experiência verificou-se, constantemente, na vida do bispo jesuíta que, buscando a Deus em todas as coisas, permaneceu sempre de atalaia para servir aos irmãos necessitados.

## 2.2 Através do "conhecimento interno de Jesus Cristo"

A assunção do espírito de Cristo, denominada por Dom Luciano como "apaixonamento por Jesus Cristo",[137] constituía a fonte de sua postura serviçal. Tal "apaixonamento", porém, não se confunde com um fútil estado sentimental. Remete à experiência espiritual pessoal, alicerçada no ensinamento do fundador de sua ordem. Santo Inácio, de fato, convida a pedir, na oração, o "conhecimento interno do Senhor",[138] visto que o ser humano, apenas com suas forças, não conseguiria decidir-se pelo seguimento de Cristo (cf. Jo 15,4-5).

O "conhecimento interno" é um processo de interiorização da Pessoa de Jesus Cristo, que abrange a esfera relacional, fugindo de uma abstração teórica e de uma aproximação, apenas, intelectual ou psicológica.

---

[136] Ibid., p. 70. Tradução nossa.
[137] ALMEIDA, Palavras de agradecimento, p. 51.
[138] Cf. EE 104; 130; 195; 221.

É um aprofundamento existencial até que as posturas, as escolhas e as ações de Jesus Cristo se reflitam na vida de quem quer segui-lo, não por mera imitação, mas pela comunicação da mesma graça que acompanhou o Cristo e que os Sacramentos nos transmitem (cf. Fl 2,5).[139] Era esta graça que Dom Luciano, cotidianamente, às vezes até de madrugada por causa das longas viagens programadas, procurava receber na celebração eucarística.

Dentro do patrimônio espiritual inaciano, o "conhecimento interno" de Jesus Cristo não é uma dimensão estática. É dinâmica! Tem como meta o amor explicitado no serviço. De fato, conduz a palmilhar os caminhos de Cristo, para chegar a amar e a servir a Deus e aos irmãos, abandonando-se, de vez, uma visão egocêntrica da existência.[140] Por isso, Dom Luciano, fundamentando sua vida na pessoa de Jesus Cristo, conseguiu descentrar-se de si mesmo, como fez Jesus, e viver, inteiramente, orientado ao serviço dos outros.[141] Atraiu-o, sobretudo, a relação de Jesus com o Pai (cf. Jo 10,30). Contemplava, nela, a efetivação plena da existência humana que foge da armadilha do egoísmo, endereçando-se, totalmente, a Deus. Com

---

[139] Cf. PALAORO, A experiência espiritual de Santo Inácio, p. 97-99; BARREIRO, O "Conhecimento interno" de Jesus Cristo, p. 31; BERNARD, La spiritualità cristocentrica di San'Ignazio, p. 186-189.

[140] Cf. BARREIRO, O "Conhecimento interno" de Jesus Cristo, p. 31-34.

[141] Cf. MIRANDA, Dom Luciano: o cristão, o jesuíta, o pastor, p. 76-77.

efeito, as horas de solidão de Cristo eram preenchidas pela presença do Pai (cf. Mc 1,35; Lc 6,12), da qual recebia força para continuar sua missão (cf. Jo 4,34; 5,30; 6,38), compadecendo-se da situação desfavorável dos outros (cf. Lc 13,12; Mt 19,13). À luz dessa experiência, Dom Luciano concluía que Jesus Cristo, tendo uma realização afetiva tão integral, entregou-se, conscientemente, por amor ao Pai e aos irmãos (cf. Jo 14,3; 15,13).[142]

Da mesma forma, o pastor jesuíta deixou um testemunho marcado pela entrega ilimitada de si mesmo, comparável a uma fonte que não guarda nada para si, apenas vive em função de beneficiar quem passa por ela.[143] Fundamentava-se na seguinte convicção:

> quem entra em comunhão com Cristo tem que servir o seu irmão, tem que partilhar do seu pão, tem que dedicar sua vida ao seu irmão. [...] É sempre necessário que estejamos em sintonia com Aquele que veio para servir: como Jesus viveu, como Jesus-gratidão ao Pai escolheu seu jeito de vida, o jeito simples do povo humilde. Ele teve uma vida muito pobre, muito simples, pois Jesus não quis privilégios.[144]

---

[142] Cf. JCL 13-14.

[143] Cf. SANTIA, Dom Luciano, p. 212.

[144] ENJ 94. A expressão de Dom Luciano: "Jesus-gratidão" deve ser entendida no sentido de que o Filho responde à gratuidade do Pai que lhe confia tudo, através da própria doação, vivendo a alegria do amor por nós (cf. ibid., p. 86-87).

A "vida escondida" de Jesus Cristo (cf. Lc 2,39) influenciou, fortemente, a existência de Dom Luciano. A experiência quenótica do Filho de Deus (cf. Fl 2,6-7), que passou pelo anonimato e pela identificação com quem vive nas situações mais desfavoráveis da existência humana, era considerada pelo bispo jesuíta a luz do seu cotidiano e o eixo hermenêutico da história da humanidade.[145]

> Talvez aí esteja a maior luz teológica: perceber que Deus nos faz uma grande graça não fazendo milagres e nos deixando, como ele, viver o cotidiano da vida humana, na doença, na pobreza, na incompreensão, na deficiência, porque é assim que se salva o mundo, assim é que Jesus salvou o mundo.[146]

Como se disse, o "conhecimento interno" de Jesus Cristo se desdobra no amor-serviço. Na vida de Dom Luciano, tal desdobramento ficou, permanentemente, patente, porque para ele o ser humano sofredor tinha sempre prioridade. Por causa desta prioridade dada aos necessitados que encontrava no caminho, ficou conhecido pelo atraso com que chegava aos compromissos. No livro-entrevista de Ernesto Olivero, narrou:

> Após um dia de trabalho, é claro que estou cansado; porém, mesmo prevendo que no dia seguinte terei muitas coisas a fazer, se encontro uma alma que

---

[145] Cf. ALMEIDA, Palavras de agradecimento, p. 50-52.
[146] Ibid., p. 53.

sofre, sinto-me chamado a ir visitá-la de noite. Nem todos compreendem quanto seja importante para mim a vontade de conhecer a grandeza de certas situações que, talvez, segundo outras categorias humanas, apareçam pequenas. Nem todos entendem que estas coisas me dão uma força nova para os compromissos do dia seguinte.[147]

Contudo, a aproximação de Dom Luciano dos sofredores, para servi-los, não era apenas consequência do "conhecimento interno" de Jesus Cristo, mas também seu pressuposto. Com efeito, a vocação cristã exige que a pessoa se coloque no contexto mais favorável ao conhecimento de Cristo, para segui-lo. Nada melhor, portanto, do que optar por aqueles que o próprio Jesus privilegiou: pecadores, pobres, marginalizados, junto aos quais ele mesmo fez a experiência do amor do Pai (cf. Mt 11,25-27).[148] Nesse sentido, "os pobres se tornam, então, mediação necessária para desvelar a figura de Jesus. Nos rostos sofredores dos pobres, podemos descobrir 'o rosto do Senhor'"[149] (cf. Mt 25,31-45).

Dom Luciano se "matriculou", desde a temporada romana, na escola dos pobres, para conhecer Jesus Cristo. Servindo aos jovens detidos no Instituto Gabelli de Porta Portese, conforme vimos ao analisar a árvore do testemunho, aprendeu a valorizar a partilha

---

[147] UPP 54. Tradução nossa.
[148] Cf. LIBANIO, A petição da Segunda Semana dos Exercícios, p. 45.
[149] JCL 88.

generosa e gratuita, que é, afinal, a dinâmica do Reino de Deus, trazido por Jesus Cristo (cf. Mc 6,37-44). Entre as recordações do nosso bispo, emerge a de uma noite de Natal no Instituto Gabelli. Circundado por cerca de sessenta jovens ali detidos, foi obrigado a consumir um pedaço de *torrone* (doce europeu) que eles faziam questão de compartilhar com ele. Nesse gesto ele via uma lição de generosidade e gratuidade provinda, justamente, daqueles jovens marginalizados.[150]

Tal experiência de serviço-aprendizagem continuou também em épocas sucessivas e reforçou nele a ideia de que

> os pobres nos ensinam a valorizar as pessoas. Nós os olhamos como se fossem miseráveis, e ao invés se tornam nossos mestres: ensinam-nos a colocar em segundo lugar a civilização dos consumos, do haver, do possuir. Eles têm a vida, porque são capazes de compartilhar com os outros os sofrimentos e as alegrias. [...] Eles, com a solidariedade, conseguem sobreviver em condições desesperadas: juntam o pouco que possuem. [...] São bem-aventurados os pobres, porque em seu sofrimento, na carência de coisas materiais, souberam ver o que é mais profundo: o amor que vem do Senhor e que se comunica em cada momento da vida dos que sabem amar os irmãos com quem compartilham a alegria de viver.[151]

---

[150] Cf. UPP 26-27.
[151] Ibid., p. 60-61. Tradução nossa.

Na jornada espiritual do bispo jesuíta, então, os pobres se tornaram "lugar" de discernimento, para melhor conhecer, amar e seguir Jesus Cristo. Com eles experimentou, realmente, quem é Jesus e, portanto, entrou em profundidade no mistério de Deus, na perspectiva da dinâmica da "indiferença" proposta pelo seu fundador.

## 2.3 Numa atitude de "indiferença"

Na espiritualidade inaciana, não é suficiente penetrar no mistério de Deus, mas é preciso fazê-lo com total disponibilidade e despojamento, para que se encontre a vontade divina e se realize o fim último da existência humana: "Louvar e reverenciar a Deus nosso Senhor". É quanto Santo Inácio, à luz de sua experiência de conversão, acontecida em Manresa,[152] ensina no *Princípio e Fundamento dos Exercícios Espirituais*:

> O homem é criado para louvar e reverenciar a Deus nosso Senhor e, assim, salvar-se. As outras coisas sobre a face da terra são criadas para o ser humano e para o ajudarem a atingir o fim para o qual é criado. Daí se segue que ele deve usar das coisas tanto quanto o ajudam para atingir o seu fim, e deve privar-se delas tanto quanto o impedem. Por isso, é necessário

---

[152] A parada de Inácio em Manresa, indo para Jerusalém após sua convalescência, revelou-se uma etapa importante de sua peregrinação interior. Em Manresa, de fato, Inácio ordena sua vontade à vontade de Deus, libertando-se de toda ambição (cf. PALAORO, A experiência espiritual de Santo Inácio, p. 22-24; RAHNER, Ignacio de Loyola, p. 49-58; IGNAZIO, Autobiografia, p. 98-173).

fazer-nos indiferentes a todas as coisas criadas, em tudo o que é permitido à nossa livre vontade e não lhe é proibido. De tal maneira que, da nossa parte, não queiramos mais saúde que enfermidade, riqueza que pobreza, honra que desonra, vida longa que vida breve, e assim por diante em tudo o mais, desejando e escolhendo somente aquilo que mais nos conduz ao fim para o qual somos criados.[153]

O Princípio e Fundamento pretende levar as pessoas a perceberem Deus como único Absoluto na própria existência e, por isso, a superarem a ambiguidade da realidade humana, através de uma atitude de "indiferença" diante de bens e circunstâncias.

A "indiferença" inaciana não é insensibilidade, mas sim liberdade interior concreta. Conforme o pensamento de Santo Inácio, tal postura facilita o acerto quanto ao querer de Deus. O desejo não é suprimido, mas canalizado ao que "mais" permite alcançar o fim último do homem. É justamente esse "mais" que se torna critério de superação da própria "indiferença" e abertura plena à vontade divina.[154]

---

[153] EE 23.

[154] Cf. Cf. QUEVEDO, Princípio e fundamento: comentário ao texto inaciano, p. 29; LISBÔA, O imperativo continuado de uma experiência de Deus, p. 156-158; PALAORO, A experiência espiritual de Santo Inácio, p. 87-89; GRANERO, Espiritualidad Ignaciana, p. 144; BINGEMER, Em tudo amar e servir, p. 173-177.

Finalmente,

> a indiferença só será inaciana quando integra o *magis*; a expressão "fazer-nos indiferentes a todas as coisas criadas" só se compreende se a consideramos em sua relação com a escolha melhor; o objetivo da indiferença, portanto, não é outro que a busca contínua da maior glória de Deus.[155]

Dom Luciano bebeu desta fonte espiritual inaciana. Por isso, numa postura de total abertura à vontade divina, manteve-se sempre disponível para o melhor serviço a Deus e aos irmãos. Desde seus primeiros passos na Companhia de Jesus, foi ajudado a querer servir o Senhor sem nenhuma determinação pessoal prévia. Entre suas lembranças, é expressiva uma do tempo de noviciado:

> [...] O Pe. Cardoso dizia assim: "Você não deve querer ser padre. Você deve querer fazer o que Deus pede de você. Mas uma coisa você deve querer: servir Jesus Cristo". E eu me lembro que conscientemente eu disse: "Olha, coloco nas mãos de Deus minha vocação. Eu quero seguir Jesus Cristo em qualquer modo que seja, porque o sacerdócio é um chamado especial, mas a entrega pessoal, essa a gente pode fazer". De modo que Jesus Cristo, que até hoje marca nossa vida, foi se tornando muito visível.[156]

Deixou, então, que a vontade divina se manifestasse através da voz de seus superiores, para lhe indi-

---

[155] PALAORO, A experiência espiritual de Santo Inácio, p. 89.
[156] ALMEIDA, Palavras de agradecimento, p. 50.

carem se sua vida consagrada ia se endereçar ao sacerdócio ministerial. Por isso, considerou sua vocação presbiteral não como uma predileção por parte do Senhor, mas sim como um convite divino a uma vida de maior serviço.[157]

A graça espiritual da "indiferença" não marcou apenas os inícios de Dom Luciano na Companhia de Jesus, mas o acompanhou ao longo de toda a vida. Tal graça, corroborada pela busca de Deus em todas as coisas e pelo "conhecimento interno" de Jesus Cristo, configurava-se sempre mais como confiança em Deus, isenta da cobrança de privilégios.

Para o bispo jesuíta, a indiferença é praticável mesmo em meio aos apuros da vida. Com efeito,

> o Senhor nos leva a ter uma grande confiança nele, na tomada de consciência do mistério da cruz. Temos que entender que o Senhor ajuda os que ama, e todos somos chamados a ser amados pelo Senhor, não com graças extraordinárias, como a preservação das necessidades materiais, a preservação das doenças, das provas interiores, das humilhações; antes, quanto mais o Senhor ama uma pessoa, uma Igreja, um grupo, tanto mais o aproxima de sua vida.[158]

Compreendemos, então, toda a profundidade daquele "Deus é bom", escrito por Dom Luciano, logo que

---

[157] Cf. UPP 33.
[158] Ibid., p. 124. Tradução nossa.

acordou da segunda sequência de cirurgias, por causa do acidente automobilístico.[159] E, durante a longa convalescência, continuou manifestando toda sua abertura à vontade divina, não em postura de submissão passiva, mas sim como uma liberdade que se entrega para descobrir aonde será conduzida, com a certeza do Amor Primeiro de Deus, antes, como sua consequência (cf. 1Jo 4,10-11).[160] Com um corpo multifraturado, Dom Luciano buscava apenas a "maior glória de Deus" e, por isso, seu recado aos coirmãos bispos foi o seguinte: "Estou nas mãos de Deus. Deus nos criou por amor e ele sabe o que é melhor para nós. Coloco minha vida nas suas mãos".[161]

O pastor jesuíta concebia e vivenciava a "indiferença" inaciana como inferência do amor prioritário de Deus Pai, que vai além de sua transcendência e busca a felicidade daqueles que, em seu Filho, assume como filhos, cuidando deles (cf. Lc 11,5-13; 12,22-32), até alcançar a esfera afetiva do ser humano. Este, por sua parte, aprofundando a verdade da própria situação existencial e a de toda a humanidade, descobre-se aberto à comunhão com Deus e necessitado dele (cf. Gn 3,1-13).[162] Na obra de orientação para Exercícios Inacianos, explicou:

---

[159] Cf. MENDES-AZEVEDO (Org.), Bilhetes de Dom Luciano, p. 15.
[160] Cf. PALAORO, A experiência espiritual de Santo Inácio, p. 87.
[161] MASSERDOTTI, Em memória de Dom Luciano, p. 162.
[162] Cf. SPA 23-29.

> Não se trata apenas de apresentar uma dependência ontológica, mas de experimentar interiormente o porquê da própria existência: existimos porque somos amados e continuamos a existir porque continuamos a ser amados; existiremos sempre, porque o amor de Deus é fiel, e ele nos comunica a vida eterna (1Jo 5,11).[163]

Em razão desse amor, então, segundo Dom Luciano, é possível "fazer-se indiferentes", acolhendo tudo que vem de Deus e ficando livres diante dos instintos de vitalidade, de estima, de posse, de sobrevivência, para, enfim, poder servir.[164] Nesta mesma perspectiva, interpretamos sua oração preferida: "Senhor, não lhe peço de livrar-me das provações, das tentações, mas lhe peço a graça de superá-las pelo seu Reino, de me proteger do mal, de me ajudar a sofrer as dificuldades, a padecê-las junto com os outros".[165]

Tal oração, longe de ser uma busca masoquista de sofrimentos, refletia perfeitamente a concepção de existência humana, apenas interessada na vontade de Deus e, portanto, indiferente à presença ou não de certos benefícios. De fato, o essencial, na vida de Dom Luciano, como demonstramos na análise do seu testemunho, era o serviço a Deus e aos irmãos, sem concessões.

---

[163] Ibid., p. 28.
[164] Cf. ibid., p. 32.
[165] UPP 125. Tradução nossa.

## Conclusão

O estudo das raízes históricas e espirituais do testemunho de Dom Luciano Mendes de Almeida nos oferece elementos suficientes para concluirmos que sua vocação cristã configurou-se, axiomaticamente, como serviço. De fato, o bispo jesuíta, conduzido pela espiritualidade inaciana a uma vida de maior entrega a Deus, viveu servindo aos irmãos, sobretudo aos mais desfavorecidos. Por isso, seu testemunho de vida, por um lado, ressoa como um apelo divino por maior autenticidade evangélica e, por outro, questiona, seriamente, quem cogita a possibilidade de ser cristão sem postura serviçal.

À Igreja, enfim, Dom Luciano aponta para uma vivência cristã que, encarnada na realidade e, vestindo o avental, lave os pés da humanidade (cf. Jo 13,14), priorizando os marginalizados. É a práxis de Jesus pobre, servidor dos pobres e servo sofredor. Este é o objeto dos escritos de Dom Luciano, sobre os quais falaremos no próximo capítulo.

# Capítulo Segundo
## "*In nomine Iesu*": Jesus Cristo – fonte e medida do serviço cristão

*É Jesus Cristo que sustenta em nós
a descoberta de Deus,
a saída do egoísmo no serviço aos irmãos
e a garantia da vida eterna.*

*(Dom Luciano)*

## Introdução

Este capítulo introduz-nos no estudo dos escritos de Dom Luciano Mendes de Almeida. Ao analisar as raízes históricas e espirituais do testemunho de vida, constatamos que o bispo jesuíta entende o serviço como dimensão imprescindível da vocação cristã. Tal compreensão advém da rica reflexão cristológica, presente em vários escritos de Dom Luciano e resumida no lema episcopal: "*In nomine Iesu*".

A compreensão do serviço será abordada em três partes. A primeira focaliza a quenose do Filho de Deus e mostra como o amor do Pai se revela na pessoa de Jesus pobre. A segunda trata da compreensão que Jesus tem da própria missão, em termos de serviço aos pobres. Finalmente, a terceira se detém no significado do testemunho de Jesus, como servo sofredor.

## 1. Jesus pobre

A reflexão cristológica de Dom Luciano, em perfeita sintonia com a cristologia dos Exercícios Espirituais de Inácio de Loyola, origina-se da contemplação da vida de Jesus Cristo, que se comunica a quem, humildemente, o contempla.

> Na pessoa e vida de Cristo entendemos o projeto de Deus sobre o mundo em vista da eternidade. O que Deus faz por este mundo? Cristo, o Filho de Deus Vivo, ama a humanidade e a salva, tirando-a do pecado, da injustiça, da violência, e a projeta para uma felicidade que se enraíza aqui e que se vai plenificar depois. Então o referencial é Cristo. Ele é luz, é vida, é caminho, ele nos abre a grande compreensão da vida. A encarnação do Cristo mostra o caminho.[1]

---

[1] JCL 99.

Em vão buscaremos, em nosso autor, um cristocentrismo de tipo teórico. Dom Luciano, ao invés, pretende suscitar, com seus escritos, um cristocentrismo existencial, em consonância com a graça a ser pedida na Segunda Semana dos Exercícios Espirituais, que consiste no "conhecimento interno do Senhor que por mim se fez homem, para que mais o ame e o siga".[2] Em razão disso, não considera os evangelhos como meros memoriais de um morto. Eles interpelam a vida das pessoas porque proporcionam o conhecimento[3] de Jesus de Nazaré, cuja história coincide com a história de Deus, que privilegia os pobres e expressa seu amor universal (cf. Sl 109,31; 140,13; Jr 20,13). Em suma, na vida pobre de Jesus de Nazaré, homem entre os homens, manifesta-se, plenamente, o amor de Deus (1Jo 4,9).[4]

## 1.1 Jesus, homem entre os homens

Por ocasião do Santo Natal de 1989, Dom Luciano enfatiza que

> à luz da fé, o menino que nasce da Virgem Maria é Jesus Cristo, Filho de Deus. Vem para salvar a humanidade do pecado e da morte. Quis passar pela experiência de nascer e ser uma criança perseguida.

---

[2] EE 104.

[3] A palavra "conhecimento" deve-se entender no sentido inaciano, isto é, existencial.

[4] Cf. SPA 61, ALMEIDA, Amore e sacrifício, p. 40, HURTADO, Deus, não sem nós, p. 97.

Suportou o sofrimento da injustiça e da cruz, dando-nos a certeza de que Deus conhece interiormente o drama da vida humana. Cristo demonstra o seu infinito amor para com a humanidade por meio desta solidariedade para conosco. Tornando-se um de nós, menos no pecado, ele nos revela, de forma patente, o valor da natureza humana.[5]

Das palavras de Dom Luciano, compreendemos que a quenose do Filho de Deus não é, simplesmente, ponto de chegada da trajetória humana. Ela marca, desde o início, a história de Jesus de Nazaré.

Uma leitura coerente desta história não admite elucubrações abstratas sobre o mistério da Encarnação, visto que Jesus foi conhecido como amigo e mestre real, a saber, uma pessoa concreta, cuja lembrança ficou indelével até após sua morte e ressurreição (cf. 1Jo 1,1-4). Convida a ultrapassar a dimensão puramente exemplar da vida de Cristo e a considerar a solidariedade ilimitada do Verbo de Deus com o ser humano, às vezes, grávida de dramaticidade. Caso contrário, diminuir-se-á a dignidade da pessoa de Jesus e desvalorizar-se-á a importância da salvação.[6]

Dom Luciano, honestamente, enfoca o "realismo da encarnação":[7]

---

[5] Id., Il regalo di Natale, p. 21. Tradução nossa.
[6] Cf. SALVADOR, Compêndio, p. 90; HURTADO, Deus, não sem nós, p. 87-88.
[7] BARREIRO, Os trinta anos, p. 29.

> Cristo assume livremente um tipo de existência humana pobre e sofrida. Não busca exceção. Escolhe uma vida dura e semelhante à daqueles para quem a vida é menos favorecida. Seu nascimento é humilde. Trabalha no suor de seu rosto. Nasce numa época de obscurantismo da humanidade e cresce num lugarejo desconhecido onde as nações se misturavam (Galileia = círculo dos gentios).[8]

Durante um prazo considerável, a biografia de Jesus corresponde à de qualquer morador da aldeia de Nazaré, habitada por camponeses e artesãos, oprimidos sob o peso de uma vida áspera, ainda mais sofrida pelo esquecimento dos poderosos e pelo desprezo dos povos vizinhos.[9]

> Cristo, o Deus feito homem, veio à terra para nos redimir, sem se afastar minimamente das condições de vida de todo ser humano. A situação do lar de Nazaré não era diferente à de tanta gente que experimenta a pobreza, o abandono e a privação.[10]

Para o bispo jesuíta, os anos transcorridos por Jesus, ocultamente, em Nazaré, constituem uma luz significativa para a história da humanidade, porque evidenciam que a salvação não passa por aspectos ostentosos. Em Nazaré, Deus assume o cotidiano da

---

[8] SPA 68-69.

[9] Cf. MESTERS, Com Jesus na contramão, p. 14; BARREIRO, Os trinta anos, p. 48-52.

[10] ALMEIDA, Onde moras?, p. 640.

existência humana e vivencia as situações mais desfavoráveis (cf. Mt 2,23).[11]

> Jesus Cristo passa em Nazaré grande parte de sua vida, no trabalho e na vida obscura e escondida de um operário daquele tempo, entre suas tarefas diárias e o relacionamento de sua família e suas amizades. [...] Identificando-se com a vida de todo o mundo, mostrava que a salvação não consiste em coisas extraordinárias e em gestos fantásticos, mas na adoração ao Pai – em espírito e verdade. É fazer da vida um sacrifício (= torná-la de Deus pelo amor) agradável a Deus no serviço aos irmãos.[12]

No povoado de Nazaré, Deus aprende a ser verdadeiramente homem no meio de outros homens. Nasce judeu entre os judeus, cresce como criança em meio a outras crianças e trabalha como operário entre outros operários. A vida escondida de Jesus, nivelada com as pessoas de seu tempo, além de não possuir nenhum aspecto extraordinário, torna-se até causa de empecilhos para sua ação missionária. Com efeito, é menosprezado por ser o "filho de José" (cf. Lc 4,22); é conhecido como inculto (cf. Jo 7,15), carpinteiro, oriundo da Galileia, de onde, jamais, poderia surgir um profeta (cf. Jo 7,52).[13]

---

[11] Cf. id., Palavras de agradecimento, p. 52.

[12] SPA 76.

[13] Cf. SPA 72. Segundo Dom Luciano, o processo de nivelamento de Jesus com seus contemporâneos é um referencial importante para a Igreja que, na evangelização, não se pode eximir da inculturação (cf. UPP 78).

Jesus conhece, por dentro, o significado de ser homem. Não escolhe caminhos privilegiados para responder à vocação humana. Portanto, a humanização de Deus, no Filho Jesus, alcança níveis profundos.

> A carta aos Filipenses 2,7 revela-nos que Cristo, o Filho de Deus, não considerou regalia a sua condição divina, mas quis assumir e experimentar a condição de servo, fazendo-se verdadeiramente um de nós. Ele quis passar por essa experiência de viver a vida que vivemos. Jesus desce ao mais fundo do poço existencial da humanidade: é a solidariedade total.[14]

Em suma, "esta é a regra do jogo. Não é possível ao Cristo ser homem sem, ao mesmo tempo, experimentar a condição dos homens. Ele não teve pecado, mas sentiu fome e sede, foi perseguido, preso, condenado e crucificado"[15] (cf. Mt 4,2; Jo 19,28; Lc 4,29; Mc 15,15.23). Nesta opção radical, ressoa a Boa Notícia para a humanidade, isto é, que Deus não rejeita o mundo, mas o restaura, através da solidariedade do seu Filho, o qual entra numa história marcada por destruições físicas e morais.[16]

Eis a grande lição de Jesus, homem entre os homens:

---

[14] ALMEIDA, Desafios missionários, p. 465.
[15] JCL 32.
[16] Cf. ALMEIDA, Dio non ci scarta, p. 43; id., Desafios missionários, p. 466.

Jesus quis tornar-se um de nós para padecer as mesmas coisas que nós padecemos, não quis aprender de Deus o sofrimento humano, mas quis fazer-se homem e experimentá-lo na própria pele. Não se envergonhou de ser nosso irmão.[17]

## 1.2 Jesus, homem pobre e oprimido

A trajetória humana de Jesus se desenvolve, desde seu início, em contexto de pobreza.

> Jesus não entra no mundo solenemente. Os anjos não o acompanham sobre a terra, não nasce na riqueza, num belo palácio, como esperaríamos do Filho de Deus. Nasce pobre, acolhido apenas pelos pastores. Jesus se insere num mundo de injustiça e entra na história da humanidade escolhendo a vida das pessoas que não têm história, uma vida extremamente simples, não miserável, mas pobre, num território pobre da Palestina. Decide passar trinta anos em Nazaré, escondido, sem manifestar suas qualidades humanas e divinas.[18]

Com efeito, tendo entrado na história da humanidade para nos dizer que somos amados por Deus e para nos ensinar o amor, Jesus Cristo compartilha a vida dos seres humanos mais simples. Dispensa qualquer palavreado laudatório sobre a pobreza. Ao invés, aceita, por amor, a vida dos mais desfavorecidos. Rea-

---

[17] Id., Gesù e i soldati romani, p. 43. Tradução nossa.
[18] Id., Dio non ci scarta, p. 43. Tradução nossa.

liza a vitória sobre o mal e a miséria na livre opção pela vida pobre, que se torna ainda mais austera pela falta de estabilidade (cf. Mt 8,20). Palmilha o mesmo caminho dos empobrecidos e, finalmente, encerra sua jornada terrena num estado de total despojamento (cf. Jo 19,23).[19]

O significado da identificação de Jesus com os mais pobres está, segundo Dom Luciano, na expressão do amor universal de Deus.

> Pelo fato de não poder compartilhar ao mesmo tempo a situação de todos, escolheu compartilhar as situações dos que mais sofrem. Daqui toda a ação preferencial pelos pobres. Escolheu uma categoria, uma perspectiva que o fizesse entrar em comunhão direta com aqueles que mais sofrem, e aqui se vê o amor da encarnação, o espírito, o impulso, o dinamismo do Espírito que quer ir ao encontro de quem mais necessita da Palavra de Deus.[20]

Contudo, a identificação de Jesus Cristo "com a situação daqueles a quem ama"[21] assume, desde cedo, um desfecho dramático, como se atesta, por exemplo, pela perseguição e fuga para o Egito (cf. Mt 1,13-23). Neste evento, manifesta-se a comunhão de Jesus com

---

[19] Cf. ALMEIDA, Un Natale di giustizia, p. 43; SPA 69.
[20] UPP 79. Tradução nossa.
[21] SPA 73.

cada ser humano oprimido e, sobretudo, com os mais indefesos, como, por exemplo, as crianças.

> Repete-se a história de Belém. Cristo continua a sofrer nos menores rejeitados, empobrecidos, marginalizados pela sociedade. Cristo menino ainda está sem casa, em cortiços, em favelas e nos acampamentos dos sem-terra. Como nos tempos de Jesus, repete-se a covardia de Herodes, eliminam-se as crianças bem antes de nascerem.[22]

A comunhão com os últimos da sociedade abrange a inteira existência terrena do Filho de Deus, destinatário frequente de injustiças e opressões. De fato, conforme relata o evangelista João, Jesus enfrenta incompreensão e é vítima de calúnia (cf. Jo 7,20; 8,48; 10,20). Recebe ingratidão, traição, perseguição violenta (cf. Jo 10,31) e prisão (cf. Jo 10,39). Portanto, conhece, por experiência pessoal, a situação de quem sofre, tem capacidade de compreender seu povo e atuar uma libertação que atinge as raízes do mal. Explicam-se, assim, os seus gestos de compaixão pelos excluídos, de misericórdia com os pecadores e de resgate da dignidade de marginalizados e deserdados (cf. Mt 8,1-4; 9,1-13).[23]

Jesus não se distancia das pessoas que veio para salvar. Assume, na própria carne, a condição dos destinatários da salvação (cf. Fl 2,7). Este é o aspecto mais

---

[22] ALMEIDA, Il regalo di Natale, p. 21. Tradução nossa.
[23] Cf. SPA 73; ALMEIDA, Desafios missionários, p. 466.

clamoroso do dinamismo soteriológico, porque mostra, com toda clareza, a sinceridade da intenção salvífica de Cristo. Paulo define-a "sinceridade da caridade" (cf. 2Cor 8,8), causa do despojamento voluntário de sua glória. Cristo torna-se pobre por nós, para nos enriquecer (cf. 2Cor 8,9).[24]

Segundo Dom Luciano, o "abatimento"[25] de Jesus Cristo, que se faz pobre e oprimido, apesar de parecer absurdo aos olhos da razão humana, é coerente, por três motivos. Primeiramente,

> porque Jesus Cristo ama os homens. A maior parte das pessoas *vive sem privilégios*, sem sobressair em nada: sem cultura, sem saúde, sem beleza, sem história, sem nome: um número de fábrica ou de cartão do seguro social. Cristo comunga com o deserdado porque o ama.[26]

Em segundo lugar, o Verbo de Deus,

> encarnando-se, leva a verdade dessa encarnação até o limite da sinceridade de seu amor. É a mesma distância que o levou a assumir a pobreza: vem salvar o homem, mas não foge ao sofrimento dos homens, aos quais ainda não chegou a salvação.[27]

---

[24] Cf. PIEL 5; SPA 69; JCL 30; ALMEIDA, Opção pelos pobres, p. 21.

[25] Dom Luciano traduz com "abatimento" o termo grego "quenose", com sua semântica de esvaziamento ou despojamento (cf. SPA 80; JCL 35).

[26] SPA 72. Grifo do autor.

[27] Ibid., p. 72.

Finalmente, "vivendo essa atitude, ele *diz* de modo claro o amor de Deus aos homens".[28] Desta forma, interpela a vida do ser humano e lhe mostra que "a *grandeza do homem* não está no que aparece, mas no *amor que tem pelo irmão*" (cf. Mc 10,17-21).[29]

## 1.3 Jesus pobre, Filho de Deus

O fato de que Jesus pobre, por meio da solidariedade ilimitada com o ser humano sofredor, transmita o amor de Deus à humanidade, remete a um aspecto essencial da sua pessoa: a relação única que vive com o Pai (cf. Jo 8,16-29; 10,30.38; 14,9-10; 17,11.21).

Quanto ao título de Filho de Deus, sabemos que se trata de uma reflexão pós-pascal, fruto de uma leitura atenta da vida, morte e ressurreição de Cristo. A teologia atual considera inverossímil que o Jesus histórico tenha atribuído a si mesmo o título de Filho de Deus. Com toda certeza, porém, percebia que entre ele e Deus havia uma relação especial.[30]

A reflexão de Dom Luciano chega a esta conclusão por duas constatações. A primeira baseia-se na revelação de que Jesus faz de si mesmo aos discípulos como "mais do que um homem admirável e *como igual ao*

---

[28] Ibid., p. 72. Grifo do autor.
[29] Ibid., p. 72. Grifo do autor.
[30] Cf. SOBRINO, Jesus na América Latina, p. 39-40.

Pai".[31] Com efeito, declara-se maior que Abraão (cf. Jo 8,58) e com uma autoridade superior à de Moisés (cf. Mt 19,8-9). Define-se Senhor de Davi (cf. Mt 22,41-45); diz-se profeta maior que Jonas (cf. Mt 12,41) e superior a João Batista (cf. Jo 1,22-36), com uma sabedoria que ultrapassa a de Salomão (cf. Mt 12,42). Demonstra ter autoridade para interpretar a lei (cf. Mt 5,27-45) e infringir a obrigação do sábado (cf. Mc 2,27-28). Além disso, outorga-se poderes que são especificamente divinos, como, por exemplo, perdoar pecados (cf. Mt 9,1-8) e julgar os homens (cf. Jo 5,22). Promete, também, uma vida que ele mesmo possui (cf. Jo 5,21.25; 10,10); manifesta o poder de ressuscitar os mortos e conceder a imortalidade (cf. Jo 5,21; 6,44). Enfim, ele é o novo templo (cf. Jo 2,21), em profunda unidade com o Pai (cf. Jo 10,30.38), do qual cumpre as obras (cf. Jo 10,37).[32]

Nosso autor expressa a segunda constatação nestes termos:

> Jesus em sua vida foi revelando aos discípulos seu amor total ao Pai. Os discípulos foram aos poucos percebendo que ele vivia em seu íntimo um amor diferente de tudo o que eles conheciam e que lhe conferia uma plenitude afetiva incomparável. Era *pelo Pai que Jesus se deixava possuir* nas horas silenciosas da noite ou cedo antes do amanhecer (Mc 1,35; Lc 6,12). Era no Pai que encontrava alento, coragem e a razão de ser de

---

[31] SPA 57. Grifo do autor.
[32] Cf. SPA 57-58.

sua vida (Jo 4,34; 5,30; 6,38). [...]. O que nos maravilha é que este mistério da vida íntima de Jesus, para com o Pai, tenha se *comunicado às pessoas humanas*.[33]

Historicamente, a comunhão entre Jesus e o Pai é mediada pela obediência (cf. Jo 4,34; 8,29; 14,31; Mt 26,39.42), que é "a forma e a manifestação histórica do que constitui sua filiação divina 'essencial'".[34] Em virtude dela, vivencia a solidariedade com os pobres, por meio de um estilo de vida despojado, no caminho quenótico que o leva à cruz (cf. Lc 9,58).[35] Contudo, é uma realidade que supera os limites espaço-temporais.

Dom Luciano, como de costume, em seus escritos, explicita este aspecto com linguagem metafórica. Compara o coração do Pai ao de uma jovem, casada, que deseja, ardentemente, transmitir o dom da vida. Deus, também, desde toda a eternidade, almeja que o Filho seja a imagem da sua própria bondade. Enquanto a mãe, para a realização do seu desejo, deve submeter-se às leis da natureza, Deus, ao invés, por ser o Senhor de toda a eternidade, fica isento da mediação do tempo. Diferentemente do filho que nasce da mãe, o qual se conscientiza de modo progressivo do dom recebido, o Filho de Deus, desde sempre, sabe que é imagem do Pai e do seu amor; é consciente de toda a

---

[33] ALMEIDA, Desafios missionários, p. 462. Grifo do autor.
[34] SOBRINO, Jesus na América Latina, p. 41.
[35] Cf. ibid., p. 63.

grandeza da comunhão com o Pai. Infere-se que, desde toda a eternidade, há um amor muito profundo, pessoal, do Pai para com o Filho e do Filho para com o Pai (cf. Jo 14,10; 17,21). Tal ato de amor não fica enclausurado entre o Pai e o Filho, mas atinge também a humanidade.[36]

De fato, Cristo é o único que conhece o Pai e o revela aos homens (cf. Mt 11,27). Daí a imprescindibilidade de sua pessoa. Não há acesso ao Pai a não ser por ele (cf. Jo 14,6), razão pela qual os Apóstolos, em sua pregação, enfatizam a única mediação de Cristo (cf. 1Tm 2,5), sem o qual não há salvação (cf. At 4,12).[37]

De modo primoroso, Dom Luciano conclui que

> *Jesus Cristo é o Senhor*. Ninguém vai ao Pai senão por Jesus. Compreender que não há religião (união entre Deus e o homem) senão em Cristo. Todos se salvam em Cristo, ou na consciência da luz da revelação ou na fé implícita.[38]

## 2. Jesus, servidor dos pobres

Jesus alcança o senhorio escatológico (cf. 1Cor 15,27; Hb 2,9; Ef 1,22) não apenas por causa de sua divindade, mas, também, pela sua humanidade glorifi-

---

[36]  Cf. ALMEIDA, La realtá più preziosa, p. 19.
[37]  Cf. SPA 58.
[38]  Ibid., p. 60.

cada, após o "esvaziamento" até a morte na cruz (cf. Fl 2,6-11). Portanto, a correta compreensão do senhorio de Cristo remete, necessariamente, ao Jesus histórico. É na história de Jesus de Nazaré que é possível conhecer a configuração de seu domínio.[39]

Numa sociedade estratificada, onde os pobres e marginalizados são, religiosamente, considerados impuros, Jesus de Nazaré faz sua opção ministerial. Opta pelos excluídos, a quem anuncia a chegada da libertação (cf. Lc 4,18; 6,20). Diante de um poder opressor, tanto do ponto de vista político quanto religioso, Jesus reinterpreta o conceito de "poder", em termos de serviço (cf. Lc 22,24-27).[40]

Tal reinterpretação foge do âmbito meramente teórico para assumir conotações práticas exigentes. Com efeito, em sua própria vida, "Jesus teve que escolher entre o poder mundano ou o poder da vontade e do amor, que levam à impotência humana e à morte".[41] Escolhe o segundo! Define sua missão como serviço (cf. Mc 10,45) que, segundo Dom Luciano, é a "ideia fixa de Cristo".[42]

---

[39] Cf. SOBRINO, Jesus na América Latina, p. 64.
[40] Cf. ANDERSON; GORGULHO, A leitura sociológica, p. 9; SOBRINO, Jesus na América Latina, p. 64-65.
[41] Ibid., p. 65.
[42] Cf. SPA 117.

Aos discípulos preocupados com lugares de honra (cf. Lc 22,24), Jesus, o servidor dos pobres, propõe a si mesmo como exemplo de quem está no meio deles para servir e não para ser servido (cf. Lc 22,27). Jesus Cristo, manifestação histórica do amor de Deus, se autocompreende como servo (cf. Mc 10,45) e, nesta condição, não há uma desfiguração de sua divindade, mas o modo pelo qual Deus quis se autorrevelar. Afinal, nisto se realiza seu senhorio: servir a causa do Reino de Deus e, portanto, dos pobres, com amor gratuito.

## 2.1 A hora da ruptura

O serviço de Jesus aos pobres é uma questão teológica e não filantrópica. Torna-se servidor dos pobres por causa do Pai (cf. Jo 8,27-29).

Com a permanência do menino Jesus no templo (cf. Lc 2,41-52), tem início uma nova etapa na sua jornada. Dom Luciano entende que se rompe a normalidade da vida de Nazaré e percebem-se as exigências da salvação.[43] De fato, o texto de Lucas, em vista de um aprofundamento da fé pascal e da identidade de Jesus, está interessado em mostrar a relação entre Jesus e o Pai. Serve-se de um fato insólito, isto é, o afastamento da criança de seus pais (cf. Lc 2,43). Um menino de doze anos, naquela época, era obrigado, pelo contexto cultural hebraico, a ficar sob a tutela dos pais, com es-

---

[43] Cf. SPA 77.

pecial dependência do pai. Jesus infringe tal esquema tradicional e declara a livre vontade de permanecer em Jerusalém, onde está sua verdadeira moradia, a Casa do Pai. Desta forma, o texto evangélico exprime a vocação de Jesus ao serviço do Pai e a necessidade de se desvincular dos laços familiares.[44] É a hora da ruptura, porque

> em *Nazaré* o caminho do homem coincide com o caminho de Deus. A salvação estava escondida na vida "patriarcal". Ficar no *templo* rompe a coincidência de caminho. É o conflito. Os caminhos de Deus não são mais os mesmos caminhos com que o homem sonhava. Há algo que passa a ser *exigido pelo Reino*.[45]

## 2.2 A serviço do Reino de Deus

O Reino de Deus, conforme escreve Jon Sobrino, "é o que dá sentido à vida, atividade e destino de Jesus".[46] É o horizonte teológico dentro do qual desempenha o serviço aos pobres.

O que é o Reino de Deus, segundo Jesus? A resposta é complexa, por dois motivos. Primeiramente, porque somos herdeiros de certa visão que a história, com suas diferentes culturas, atribuiu à palavra

---

[44] Cf. CASALEGNO, Gesù e il tempio, p. 72-73.
[45] SPA 77. Grifo do autor.
[46] SOBRINO, Jesus na América Latina, p. 125.

"reino".⁴⁷ Em segundo lugar, porque Jesus nunca explica o significado desta realidade, apenas, anuncia-a como próxima (cf. Mc 1,15; Mt 4,17; 10,7; Lc 10,9). Para superar o impasse provocado por esses dois motivos, ocorre retomar as palavras e os gestos de Jesus no que concerne ao Reino. Com efeito, o eixo do ministério público de Cristo é o senhorio de Deus que vem e não a sua pessoa. Tal senhorio, que o Evangelho chama de Reino de Deus, tem dupla dimensão: transcendente (Deus) e histórica (Reino). A compreensão de Deus está em estreita relação com a história do seu povo, em favor do qual age.⁴⁸

A tentativa de conhecer o conteúdo do Reino de Deus, do qual Jesus é servo, obriga-nos a retomar os passos do Nazareno. De fato, existe uma união inquebrantável entre a realidade do Reino e a pessoa de Jesus. Por um lado, em Jesus, Deus fez sua entrada definitiva na história e deu pleno cumprimento às profecias e às expectativas de um Reino escatológico. Por outro, o Reino de Deus configura a pessoa de Jesus quer na sua missão, quer na sua interioridade. De fato, por estar a serviço do Reino e combater o antirreino, Jesus morre crucificado.⁴⁹

---

[47] Cf. ALMEIDA, Da cristiani, p. 31.
[48] Cf. SOBRINO, Jesus na América Latina, p. 127; KASPER, Il Dio di Gesù Cristo, p. 228; BOMBONATTO, Seguimento de Jesus, p. 214.
[49] Cf. ibid., p. 215; KASPER, Il Dio di Gesù Cristo, p. 230-231.

O Evangelho nos mostra Jesus, Filho de Deus e bom samaritano, que revela a dignidade da pessoa humana, praticando a solidariedade mais verdadeira com os fracos e os pobres. O mestre luta contra os abusos de poder e contra a cobiça dos ricos que ficam indiferentes ao sofrimento dos famintos. Denuncia as hipocrisias e as injustiças, ensina que autoridade deve ser interpretada só como serviço. Declara a fraternidade entre todos, homens e mulheres, a prescindir da raça, da condição social, da cultura.[50]

O Reino põe, em primeiro plano, a pessoa humana. Por isso, Jesus, para proclamar o senhorio de Deus, abandona a perspectiva do juízo, como até então fizera João Batista (cf. Lc 3,3-18), e inaugura o tempo da misericórdia e do amor que restauram as pessoas (cf. Lc 7,18-23). Desta forma, em sua práxis libertadora, resgata a dignidade do ser humano oprimido (cf. Mt 11,4-6).

O serviço de Jesus ao Reino de Deus se traduz na "alegria de oferecer de novo à pessoa a consciência de sua própria dignidade".[51] Pensemos, por exemplo, na criança colocada no meio dos discípulos (cf. Mc 9,36-37); na mulher adúltera humilhada pelos demais e tratada com extremo respeito por Jesus (cf. Jo 8,10-11). Pensemos, também, no tratamento que Jesus reserva a Pedro após tê-lo negado (cf. Jo 21,15-17); aos publicanos desconsiderados pela sociedade (cf. Mt 9,9; Lc 19,1-10) e, inclusive, ao ladrão crucificado ao seu lado (cf. Lc 23,39-43).[52]

---

[50] ALMEIDA, Da cristiani, p. 31. Tradução nossa.
[51] Id., Opção pelos pobres, p. 21.
[52] Cf. ibid., p. 21

A opção pela dignidade da pessoa humana exige, como dissemos, a opção pelo pobre, cuja grandeza não é constituída por algum aspecto vistoso, por algum prestígio ou riqueza material, mas, somente, pela sua dignidade, frequentemente, maltratada.[53] Neste sentido, o anúncio do Reino é boa notícia para os pobres (cf. Lc 4,18; cf. Lc 7,22; Mt 11,5), a quem pertence (Lc 6,20; cf. Mt 5,3). À luz desta relação entre o anúncio do Reino de Deus e seus destinatários, infere-se o conteúdo da boa notícia.

Quem são os pobres a quem o anúncio do Reino é dirigido? Por um lado, são os menosprezados da sociedade: pecadores públicos (cf. Mc 2,6; Mt 11,19; 21,32; Lc 15,1); incultos (cf. Mt 11,25); pequenos (cf. Mt 10,42; 18,10.14). Por outro, são os empobrecidos e necessitados concretos, chamados em causa, por Jesus, desde o começo da missão pública (cf. Lc 4,18-19). Destas categorias de pessoas, aproxima-se o Reino de Deus, por meio da prática transformadora de Jesus, visibilizada pela denúncia das injustiças e hipocrisias que escravizam o ser humano, e por atos libertadores (cf. Mt 23,13-33; Mc 7,8-13.24-37; 11,15-18).[54]

Contudo, o advento do Reino de Deus não substitui o agir humano e, tampouco, o oprime. Pelo con-

---

[53] Cf. id., Opção pelos pobres, p. 20. Aprofundaremos a relação opção pelo pobre – opção pela dignidade humana no terceiro capítulo no item 3.1.

[54] Cf. SOBRINO, Jesus na América Latina, p. 13-210.

trário, o intensifica! Apesar de ser, inteiramente, obra de Deus, interpela a colaboração humana, porque sua finalidade é a salvação da humanidade, cuja resposta é elemento constitutivo da vinda do Reino.[55] Com efeito, segundo Dom Luciano, Jesus não apenas resgata a dignidade da pessoa humana, mas lhe suscita a vontade de colaborar com a missão libertadora. Em última analise, é a dimensão participativa que desperta, quando, por exemplo, convida os discípulos a lançarem as redes ao mar (cf. Lc 5,1-11) ou a darem de comer ao povo (cf. Mt 14,13-21).[56]

Finalmente, o Reino, anunciado por Jesus, foge do padrão dos reinos terrenos. É realidade de vida plena para marginalizados e excluídos, com o objetivo de implantar, na sociedade humana, a unidade, a paz e a justiça. Realiza-se, assim, o sonho do Pai, isto é, uma civilização de pessoas que se apercebam como filhos de Deus, vivam como irmãos e irmãs e usufruam das riquezas em espírito de família.[57]

> A paixão pelo Reino – a felicidade na comunhão plena com Deus para todos – não é apenas uma esperança que tem a ver com o futuro, é também a esperança que venha ser já aqui o começo, o termo, o sinal do Reino. É para que isso acontecesse que Jesus veio sobre a terra, uma terra ensanguentada, queima-

---

[55] Cf. KASPER, Il Dio di Gesù Cristo, p. 230.
[56] Cf. ALMEIDA, Educação, sociedade e participação, p. 10.
[57] Cf. id., Il Regno di Dio, p. 43; id., Servitori del Regno, p. 43.

da, esvaziada de vida, sem esperanças. Veio para dar testemunho da verdade e do amor, a pregar a boa notícia da misericórdia do Pai, a dar a vida como prova de amor, atraindo assim os corações à evidência do amor, à conversão, à livre resposta, à gratuidade da misericórdia.[58]

Desta forma, Jesus foi servidor do Reino de Deus e, por isso, servidor dos pobres. O testemunho de Cristo, além de garantir o desfecho positivo da história da humanidade, é legado para a edificação de uma sociedade justa e fraterna, que seja sinal do Reino de Deus.[59] Traz consequências para uma práxis que se diga verdadeiramente cristã. De fato,

> a opção preferencial pelos pobres tem como referência a pessoa de Jesus. É a perspectiva do Reino que a fundamenta (RM 14). O próprio Deus, para se revelar e fazer presente o Reino em Jesus Cristo, pela ação do Espírito, escolheu o caminho da solidariedade com os pobres. A opção pelos pobres tem, por isso, uma dimensão teologal: nasce do próprio desígnio de Deus.[60]

## 2.3 Jesus Servidor dos pobres com amor ágape

O serviço de Jesus aos pobres, realizado na perspectiva do Reino de Deus, é marcado por um amor

---

[58] Id., Il Regno di Dio, p. 43. Tradução nossa.
[59] Cf. id., O poder da Igreja, p. 1.
[60] JCL 87.

novo: a ágape. É amor descentrado de si, totalmente, voltado ao bem do outro, oblativo e gratuito (cf. Mt 5,38-48). Este amor, que não conhece fronteiras, é o eixo hermenêutico de toda a mensagem cristã.[61] Nele se fundamenta o *éthos* cristão (cf. Jo 13,34). É oportuno lembrar que no grego pré-bíblico usavam-se três verbos para expressar o conceito de amor: *éran*, *philein*, *agapân*. O primeiro expressava o amor fruto de desejo e possessivo. O segundo servia para falar do amor não interesseiro, como, por exemplo, a amizade. Com *agapân*, expressava-se um amor de predileção afetiva que, no Novo Testamento, se torna útil para conceituar a plenitude do amor entre Deus e o ser humano e dos seres humanos entre si.[62]

Conforme a fé bíblica, a novidade consiste na passagem, ou melhor, na abertura do "eros", ou seja, o "amor de quem procura ter",[63] à "ágape". Norteado pelo conteúdo da primeira Carta Encíclica de Bento XVI (1927), *Deus Caritas est*, Dom Luciano afirma que

> em Deus, o "eros", amor apaixonado à criatura, é amor primeiro, gratuito, capaz de perdoar o povo que rompeu a aliança. É totalmente "ágape". A narração bíblica referindo-se ao amor do homem e da mulher mostra como o "eros" impele o homem ao amor da mulher, exclusivo e definitivo, que se torna ícone da relação amorosa entre Deus e o povo. A novidade so-

---

[61] Cf. ALMEIDA, Experiência de caridade fraterna, p. 3.
[62] Cf. SBAFFI, Carità, p. 143.
[63] ALMEIDA, Experiência de caridade fraterna, p. 3.

bre o amor resplandece em Jesus Cristo. Deus vem em busca da humanidade sofredora. Jesus Cristo se entrega para levantar a humanidade decaída.[64]

Jesus Cristo, servidor dos pobres, revela, ensina e entrega a seus discípulos esse amor novo, chamado ágape, fundamento do *éthos* cristão.

## 2.3.1 Jesus revela o amor de Deus

Dom Luciano define Jesus Cristo como a "grande dicção do amor de Deus",[65] porque "ele é a palavra que revela o Amor"[66] e, com a vida, o comunica à humanidade.[67] Cume da "dicção" ou revelação da ágape divina é a morte de Cristo. Por conseguinte, "conhecemos o amor de Deus, porque Jesus Cristo deu sua vida por nós (1Jo 3,16; 4,9). Ele é a grande palavra de amor, pronunciada por meio da entrega total da vida (Jo 15,13)".[68]

Com efeito, João escreve:

> Nisto se manifestou o amor de Deus por nós: Deus enviou o seu Filho único ao mundo para que vivamos por ele. Nisto consiste o amor: não fomos nós que amamos a Deus, mas foi ele quem nos amou e enviou-nos o seu Filho como vítima de expiação pelos nossos pecados (1Jo 4,9-10).

---

[64] Id., Deus é amor, p. 5.
[65] Id., Teologia espiritual, p. 25.
[66] Ibid., p. 25.
[67] Cf. ibid., p. 25.
[68] JCL 11.

O amor revelado por Jesus Cristo é um "amor primeiro".[69] Brota, exclusiva e diretamente, da bondade de Deus. Não é suscitado pelas qualidades humanas.[70]

A correta compreensão desse amor remete ao conceito hebraico de "misericórdia", que Dom Luciano correlaciona com o ventre maternal onde se origina a nova vida e onde já existe o amor pela vida que há de nascer. Nosso bispo explica: "[...] Antes que a criança tome vida já é amada e deveria nascer como fruto desse amor".[71] Afirmar que Deus é misericórdia significa identificá-lo com o "ventre materno" e expressar que "seu amor é amor que precede toda retribuição".[72] O Apóstolo Paulo escreve: "Mas Deus demonstra seu amor para conosco pelo fato de Cristo ter morrido por nós quando éramos ainda pecadores" (Rm 5,8). A Epístola a Tito acrescenta:

> Mas quando a bondade e o amor de Deus, nosso Salvador, se manifestaram, ele salvou-nos, não por causa dos atos justos que houvéssemos praticado, mas porque, por sua misericórdia, fomos lavados pelo poder regenerador e renovador do Espírito Santo, que ele ricamente derramou sobre nós, por meio de Jesus Cristo, nosso Salvador, a fim de que fôssemos justificados pela sua graça, e nos tornássemos herdeiros da esperança da vida eterna (Tt 3,4-7).

---

[69] ALMEIDA, Experiência de caridade fraterna, p. 3.
[70] Cf. ibid., p. 3.
[71] UPP 81. Tradução nossa.
[72] ALMEIDA, Eucaristia, mistério de comunhão, p. 1.

Para Dom Luciano, "aquele que aparece como a bondade de Deus é Jesus Cristo, salvador e servidor dos homens",[73] conhecido por seus contemporâneos como o Bom Mestre, disposto a interessar-se por todos, sempre pronto para acolher a todos.[74]

A partir da revelação do amor de Deus em Jesus, aprendemos que

> [...] o seu amor não depende da nossa resposta, a supera; o seu amor é verdadeiramente capaz de ser sempre novo, justamente porque nós não somos amados porque bons, mas nos tornamos bons porque amados. Ama-nos, justifica-nos. O Senhor não é um juiz que nos dá o prêmio se nós somos bons, mas um pai que nos faz tornar bons para que sejamos capazes de compartilhar os seus bens, as sua graças, os frutos do seu amor.[75]

## 2.3.2 Jesus ensina o amor de Deus

Jesus, servidor dos pobres, além de revelar o amor gratuito que vem de Deus, também ensina a seus discípulos que a ágape é "amor a fundo perdido"[76] (cf. Lc 14,12-14).

---

[73] Ibid., p. 2.
[74] Cf. id., Experiência de caridade fraterna, p. 6.
[75] UPP 81. Tradução nossa.
[76] ALMEIDA, Experiência de caridade fraterna, p. 4.

> No evangelho de Lucas (14,14) Jesus diz que não temos que convidar para jantar os irmãos, as irmãs, os amigos, os vizinhos ricos, os quais, por sua vez, depois, nos podem convidar nas suas casas, e tudo acaba numa troca de favores. Jesus nos ensina algo mais do que o amor recíproco: o amor a fundo perdido. Jesus diz que temos que convidar "os cegos, os coxos, os doentes, os pobres", porque não podem retribuir o convite.[77]

Cristo é o "grande Mestre deste amor gratuito e devotado ao bem dos irmãos".[78] Toda a sua vida é uma grande lição da ágape divina. Com efeito, "ele veio, com sua palavra e testemunho, ensinar que o segredo da realização humana está na doação feliz e generosa ao próximo"[79] (cf. Mc 8,34-38).

O ensinamento mais expressivo, entre os muitos relatados pelos evangelistas, é o gesto do "lava-pés".

> Durante a última ceia com os apóstolos Jesus insistiu na lição do serviço por amor (Jo 13,1-17). Quis lavar os pés dos discípulos, deixando-nos, assim, exemplo de como devemos servir uns aos outros. O gesto de lavar os pés convoca-nos para imitar o Divino Mestre no serviço humilde e sincero ao próximo.[80]

---

[77] UPP 83–84. Tradução nossa.
[78] ALMEIDA, O amor ainda vive, p. 2.
[79] Ibid., p. 2.
[80] Id., O lava-pés, p. 2.

Dom Luciano, contemplando Jesus na cena do cenáculo, descobre aí a "revelação do excesso do seu amor".[81] Jesus ensina, de forma inequívoca, que "o verdadeiro amor está em servir aquele a quem amamos".[82] A partir do gesto do "lava-pés", então, "amar a Deus e ser feliz se identificam com a alegria de dar a vida a todos, pelo serviço humilde e generoso, a começar dos mais necessitados".[83]

De Jesus aprendemos que o peculiar da vocação cristã é o amor traduzido em serviço recíproco. Eis a orientação deixada para o tempo de sua ausência:

> Dou-vos um mandamento novo: que vos amei uns aos outros. Como eu vos amei, amai-vos também uns aos outros. Nisto reconhecerão todos que sois meus discípulos, se tiverdes amor uns pelos outros (Jo 13,34-35).

Tal orientação, fulcro da mensagem cristã, se diferencia do convite ao amor recíproco que tantos outros, ao longo da história, dirigiram à humanidade. A novidade não é cronológica, visto que o mandamento do amor é já ensinado pelo Antigo Testamento

---

[81] Id., Eucaristia, mistério de comunhão, p. 1.

[82] Ibid., p. 1.

[83] Id., Dar a vida, p. 2. Dom Luciano fala de felicidade à luz das palavras do próprio Cristo pronunciadas no contexto do lava-pés: "Se compreenderdes isso e o praticardes, felizes sereis" (Jo 13,17). Para nosso autor, essas palavras expressam a que pode ser definida como "alegria do Evangelho" (id., Experiência de caridade fraterna, p. 6).

(cf. Lv 19,18.35). A singularidade do amor ensinado por Cristo baseia-se na contemplação de todo o mistério da sua pessoa, conforme percebemos na expressão: "como eu vos amei" (Jo 13,34).[84]

Finalmente, esse amor supera os parâmetros da pura esfera emocional. É experiência fecunda da gratuidade de Deus na vida do sujeito. Em outras palavras: a percepção da bondade gratuita de Deus, que não faz distinção entre as pessoas (cf. At 10,34; Gl 2,6), transforma-se em serviço generoso na vida comunitária.[85] Nas comunidades de vida consagrada, por exemplo,

> é o acolhimento do religioso idoso, é cuidado pelo religioso doente, deprimido, diminuído, é a vontade de colaborar numa tarefa escondida, é a vontade de não abandonar uma comunidade quando essa comunidade atravessa momento difícil [...]. Se isto renascer nas nossas comunidades, dentro de nossas casas, nós teremos a alegria do Evangelho: Sereis felizes.[86]

## 2.3.3 Jesus entrega o amor de Deus à humanidade

O amor-ágape, que caracteriza o serviço de Jesus aos últimos da sociedade, é o grande dom celebrado na última Ceia, pelos sinais do pão e do vinho. Nesse

---

[84] Cf. ALMEIDA, Experiência de caridade fraterna, p. 4.
[85] Cf. ibid., p. 6.
[86] Ibid., p. 6.

contexto, cuja finalidade era a celebração da aliança entre Deus e o seu povo, Jesus ratifica uma nova aliança na sua morte e não mais no sangue de cordeiros sacrificados. Fala da doação de si mesmo como corpo entregue e sangue derramado (cf. Mc 14,22-24).[87]

> Jesus Cristo, através desse gesto e da sua palavra, diz aos homens, não só aqueles que reunia como amigos ao seu redor no momento da instituição, mas aos homens de todas as épocas, de todos os lugares, que Deus ama os homens e sela com eles uma aliança no seu sangue.[88]

Na Eucaristia, a ágape de Deus, revelada e ensinada à humanidade, é entregue, em nome do Pai, a quem crê no Filho, pela ação do Espírito. Portanto, quem se alimenta do Corpo e do Sangue de Cristo se compromete com esse amor novo e gratuito trazido por Cristo. É chamado a promover a vida, a irradiar esperança, a perdoar, a servir aos doentes, aos pobres e aos famintos e, sobretudo, a vivenciar a entrega generosa de si, até o dom da própria vida (cf. Mt 16,24-26).[89] Em suma, "quem entra em comunhão com Cristo deixa-se possuir pelo seu amor e pelo seu espírito e abre-se a seus irmãos, amando-os como Jesus os ama"[90] (cf. 1Jo 4,12-21).

---

[87] Cf. id., Eucaristia, mistério de comunhão, p. 3-5.
[88] Ibid., p. 5.
[89] Cf. ibid., p. 6; id., Vivência eucarística, p. 4; id., *Corpus Christi*, p. 1.
[90] ALMEIDA, Eucaristia, mistério de comunhão, p. 6.

Para Dom Luciano, o ato de comungar o Corpo de Cristo traduz-se no dever de amar os irmãos, "assim quem se une ao Cristo, que se dá a todos, quer ser também em sua vida alguém que se dá a todos, como Cristo".[91]

Se, para Jesus, amar consiste em doar a vida (cf. Jo 15,13), então a comunhão com ele, na Eucaristia, desabrocha no amor oblativo de quem, possuído pelo dinamismo da ágape divina, compreende que "Ele deu a vida por nós. E nós também devemos dar a nossa vida pelos irmãos" (1Jo 3,16).[92] Concretamente, trata-se de promover a vida e a dignidade de cada ser humano, irradiar esperança, perdoar, cuidar dos doentes, pobres e famintos. Nesse sentido, então, "a Eucaristia questiona, incomoda; ela cria uma exigência".[93]

Enfim, a entrega do amor de Deus à humanidade, na Eucaristia, é o pressuposto fundamental para que se realize o grande sonho de Cristo, a saber, a unidade entre os seres humanos, objeto da oração ao Pai (cf. Jo 17,20-21).

> Nos encontramos aqui diante da intenção mais profunda e radical do coração de Jesus Cristo. Ele quer ver a todos os homens unidos entre eles e todos entrando em comunhão com essa vida que seu Pai lhe comunica. [...]. O grande anseio do coração do Cristo é

---

[91] Id., Eucaristia, mistério de comunhão, p. 6.
[92] Cf. id., Eucaristia e transformação, p. 376.
[93] ENJ 94.

a comunhão. Comunhão dos homens entre si, comunhão dos homens com o Pai que se revela no Filho e nos dá o Espírito.[94]

A partir da comunhão pessoal com Jesus Cristo, que, ao doar-se inteiramente, entrega, junto com ele, o amor-ágape, possibilita-se a união comunitária entre as pessoas (cf. At 2,42).[95]

Tomemos, como síntese do Amor de Deus revelado, ensinado e doado por Cristo, as seguintes palavras de Dom Luciano:

> Jesus é a certeza de que Deus nos ama. A tal ponto Deus ama o mundo que envia o seu Filho (Jo 3,15). Ele nos ama primeiro (1Jo 4,10) quando éramos ainda pecadores (Rm 5,8). Seu amor precede toda retribuição. É este amor que está na origem de todo perdão (1Jo 4,10). Este amor é gratuito e busca o bem do amado. Jesus aparece como o servidor dos homens. Está no meio de nós como quem serve (Lc 22,27). Lava os pés de seus discípulos e se alegra ao servir aqueles a quem ama (Jo 13,17). Para Jesus a felicidade está em dar (At 20,35). Tudo isso é novo. No amor de Jesus pelos homens se revela a Bondade gratuita e infinita de Deus, que salva e plenifica o homem porque é Bom (Tt 2,11; 3,4).[96]

---

[94] ALMEIDA, Eucaristia, mistério de comunhão, p. 8.
[95] Cf. ibid., p. 7.
[96] Id., Vivência eucarística, p. 1.

Nesta perspectiva, o Filho de Deus se dispõe a sofrer por amor.

## 3. Jesus: servo justo sofredor[97]

O Novo Testamento interpreta a missão de Jesus Cristo, explícita e implicitamente, à luz do cântico do Servo de Javé, contido em Isaías 53. Cabe-nos, então, antes de expormos a reflexão de Dom Luciano, apresentar, embora de forma sucinta, as características fundamentais do Servo de Javé, à luz das profecias de Isaías.

A missão do servo, escolhido, paradoxalmente, na sua condição de menosprezado e escravo (cf. Is 49,7), é, antes de tudo, uma missão libertadora (cf. Is 42,3-7). Por causa de sua fidelidade a Javé, o servo é desfigurado pelos homens (cf. Is 52,14s; 53,2s), abandonado por todos (cf. Is 53,8) e, portanto, considerado como alguém

---

[97] O interesse de Dom Luciano pela figura do Cristo sofredor está, profundamente, ligado à sua história pessoal. Com efeito, desde a infância conhece a biografia da "mística do sofrimento", Santa Gemma Galgani, a quem, ao longo da vida, adota como exemplo inspirador (cf. EDD 54; OIDO 25), até declarar-se mais propenso a participar do sofrimento alheio do que das alegrias (cf. UPP 35.37.53). Além disso, sente-se questionado pelo modo com que pessoas boas, muito próximas dele, lidam com a doença. Duas em particular: o colega jesuíta, Salvatore Fellini (cf. ibid., p. 40-41), e a mãe, Dona Emília, mulher de fé e muito caridosa, falecida após longo período de coma (cf. ibid., p. 126). Finalmente, a trágica experiência do acidente automobilístico, por um lado, deixa no coração e no corpo de Dom Luciano as marcas do sofrimento humano e, por outro, o incentiva a uma entrega maior em favor dos irmãos (cf. ENJ 59-62).

castigado por Deus (cf. Is 53,4). É merecedor da sorte dos pecadores e enterrado entre os malfeitores (cf. Is 53,9). Além disso, carrega os pecados dos homens, morre por causa deles. Sua morte torna-se fonte de salvação (cf. Is 53,5.8.11-12). Finalmente, em sua condição servil, triunfa (cf. Is 53,10-12).[98] Frisamos que "por trás desta situação de sofrimento do servo há a experiência de sofrimento vivenciada pelos 'anawîm durante o exílio. Fiéis à lei, estes discípulos dos profetas receberam o castigo devido aos pecados do povo".[99]

Os traços do Servo Sofredor de Isaías ficam patentes em Jesus Cristo, sobretudo, na hora dramática da Paixão. A tal propósito, na abertura da Semana Santa de 1985, no jornal Folha de São Paulo, Dom Luciano escreve:

> Cremos que Cristo era inocente. Nele não havia pecado. E mesmo assim se submeteu à Paixão dolorosa. Ele quis se identificar com o drama da vida humana, até o ponto de experimentar a condenação injusta e a morte na cruz. [...]. A linguagem de sua solidariedade conosco no sofrimento é muito forte. Cristo demonstra quanto ele nos ama e quer nossa felicidade. Pelo dom de sua vida salva-nos do egoísmo, de todo pecado e da morte. A solidariedade no sofrimento permanece, também para nós, a maior expressão do amor e da bênção de Deus.[100]

---

[98] Cf. SOBRINO, Jesus na América Latina, p. 232-233.
[99] CIMOSA, Messianismo, p. 948. Tradução nossa.
[100] ALMEIDA, Semana Santa ao vivo, p. 2.

Em outro escrito, nosso autor acrescenta que Jesus "venceu o mundo (Jo 16,33), não pelas armas ou pela violência à liberdade do homem, mas *pelo amor*: atrairei tudo a mim (Jo 12,32). É o rei manso que entra em Jerusalém, o Servo de Javé"[101] (cf. Mc 11,1-11).

## 3.1 Jesus, servo obediente ao Pai

Um dos aspectos de identificação entre o servo apresentado por Isaías e Jesus é a obediência ao Pai (cf. Jo 4,34).[102] O relato das tentações (cf. Mc 1,12-13; Mt 4,1-11; Lc 4,1-13) apresenta, com toda clareza, a oposição de Jesus a um messianismo pautado "*fora dos caminhos traçados pelo Pai (Lyonett)*, num espírito de '*poder*' humano e de ambição, oposto ao serviço do Cristo Messias, servo obediente de Javé (Is 42,1 e 53,2-12)".[103] Dom Luciano nos oferece algumas pistas hermenêuticas úteis:

> Na catequese primitiva este texto era ligado ao do Batismo de Cristo, numa antítese clara. O *Batismo* é apresentado como a epifania de Deus e a proclamação do Messias. As *tentações* mostram a epifania de Satanás e o incitamento à traição da filiação divina e a verdadeira messianidade de Jesus. Na primeira catequese, a exegese ligava ainda o texto à figura de Cristo, novo Adão, que vence a tentação, ou novo Moisés, que atra-

---

[101] SPA 132. Grifo do autor.
[102] Cf. ibid., p. 83.
[103] Ibid., p. 83-84. Grifo do autor.

vessa a tentação longa do deserto, e não só vê do alto do morro (Nebo – Dt 34,1-4) a Terra prometida, mas nela introduzirá o povo salvo. Mais frequentemente o texto é relacionado com a Paixão, na qual Cristo vence totalmente a tentação de um messianismo fácil e passa pela morte de cruz.[104]

Jesus não aceita fazer uso do poder taumatúrgico para vantagem própria e, por consequência, recusa-se a transformar as pedras em pão (cf. Mt 4,3-4). Com tal postura, rejeita, decididamente, um messianismo de tipo ostentoso. Na realidade, não compreende a missão recebida como oportunidade de autopromoção e, muito menos, a identifica com a posse da terra (cf. Mt 4,8-10; Lc 4,6-8). Finalmente, as tentações comprovam, de modo inequívoco, que a confiança de Jesus está, plenamente, no Pai (cf. Mt 4,4.7.10).[105]

A instigação a se desviar dos caminhos traçados pelo Pai volta, constantemente, na trajetória humana de Jesus, tanto por parte dos judeus quanto dos discípulos. Os primeiros pedem um sinal milagroso como demonstração de que sua missão vem de Deus (cf. Mt 12,38). Trata-se de uma ulterior confirmação de sua incredulidade. Interessados mais "pelo pão, mas não pelo Messias que dá o pão",[106] cogitam em proclamá-lo rei (cf. Jo 6,15). Desafiam-no para que desça da cruz

---

[104] Ibid., p. 83. Grifo do autor.
[105] Cf. SPA 84.
[106] MAGGIONI, Il Vangelo di Giovanni, p. 1431. Tradução nossa.

(cf. Mc 15,31-32). Os discípulos, com pretensões não menos sedutoras, almejam um messianismo poderoso, com fogo caído do céu (cf. Lc 9,54-55). Custa-lhes aceitar a ideia de salvação que passe pelo sofrimento e pela morte na cruz (cf. Mc 8,31-33; Mt 16,22-23).[107]

Diante da proposta de exercer a missão messiânica em vista do sucesso pessoal e de forma espetacular, Jesus Cristo opta por se manter firme na condição de servo obediente.

> Seus caminhos são os caminhos do Pai. [...]. Cristo, como novo Israel, assume a atitude de abandono total no Pai (*Lyonett*). Assim irá até a cruz. Sabe que os caminhos do Pai são caminhos de amor e salvação. Os reinos que o "inimigo" ofereceu mentirosamente (Mt 4,8-9), ele recebe vitorioso de seu Pai (Mt 28,18a).[108]

## 3.2 Jesus, servo no caminho da Cruz

A missão confiada pelo Pai se torna, com todos os efeitos, o projeto de vida, em função do qual Jesus age. Nenhuma adulação consegue desviá-lo da incumbência de anunciar a Boa-Nova do Reino aos pobres e da firme decisão de direcionar-se para Jerusalém, para o cumprimento dessa missão (cf. Lc 9,51).

---

[107] Cf. SPA 84.
[108] Ibid., p. 84. Grifo do autor.

Segundo os evangelhos sinóticos, a jornada de Jesus vai da Galileia a Jerusalém, que é a cidade-símbolo da oposição a ele (cf. Mt 2,2-3; 27,11.29.37). Por um lado, é considerada como a "cidade santa" (cf. Mt 4,5; 27,53); por outro, é lembrada pela violência perpetrada contra os profetas (cf. Lc 13,34). Jesus a apresenta como o lugar da sua Paixão (cf. Mt 17,12.22s; 20,17ss; 21,1.10).[109]

A Paixão, que acontece em Jerusalém, não é evento acidental. Pertence ao projeto do Pai! Não que queira a morte do Filho, e, sim, que dê testemunho da verdade, isto é, de seu amor (cf. Jo 18,37). É a maldade do mundo que leva Jesus à morte (cf. Jo 8,59; 10,33; 19,15). Ele aceita esta experiência dramática e, assim, cumpre a vontade do Pai.[110] Conforme explica Dom Luciano, não se trata de castigo divino, mas "no plano de Deus o Filho do Homem deve passar pelo sofrimento porque o sofrimento é a condição humana".[111]

A cruz, e toda a Paixão, é um "escândalo" porque, conforme nosso bispo explica, a morte vergonhosa de Cristo, no patíbulo, representa um verdadeiro impasse para a fé na divindade de Jesus.[112] Permanece um fato inquietante e necessitado de ulteriores explicações.

---

[109] Cf. PICHLER, Jerusalém, p. 208.
[110] Cf. MAGGIONI, Os relatos evangélicos, p. 48-50.
[111] ALMEIDA, La civiltà dell'amore, p. 45. Tradução nossa.
[112] Cf. SPA 115.

O Novo Testamento arrisca algumas. Serve-se de esquemas hermenêuticos diferentes. A saber: enfatiza o contraste entre a ação dos judeus que matam Jesus e a intervenção de Deus que o ressuscita (cf. At 2,36); considera, também, a morte na cruz como parte integrante do projeto salvífico de Deus e, perfeitamente, correspondente às profecias das Escrituras (cf. Lc 11,47-48; Mt 23,29-31). Faz uso, inclusive, do esquema "soteriológico" que relaciona a morte de Cristo à salvação dos nossos pecados (cf. 1Cor 15,3-5). Enfim, para ressaltar a unidade do caminho percorrido por Jesus, serve-se do binômio "aniquilamento-elevação" (cf. Fl 2,6-11).[113]

Dom Luciano enfoca o "escândalo da cruz" com o único interesse de mostrar que o sofrimento, em si, não é causa de salvação. O que salva é o amor, que, para ser realmente tal, exige plena solidariedade com quem se ama. De fato, "solidarizando-me, amo; amando, salvo. Deus não quer o sofrimento do justo, mas seu *amor pelos irmãos*".[114] Isto posto, a linha hermenêutica, de matiz medieval, que considera a Paixão de Jesus, apenas, como satisfação das exigências da ira divina provocada pelo pecado do ser humano, é insuficiente para explicitar a enorme riqueza escondida no evento da cruz de Cristo.

Na perspectiva interpretativa do nosso autor, "o sofrimento de Jesus, a sua Paixão e a sua morte na

---

[113] Cf. MAGGIONI, Os relatos evangélicos, p. 9-10.
[114] SPA 128. Grifo do autor.

cruz, o seu sangue derramado, são oferta livre de amor ao Pai para o perdão de nossos pecados e para a vida do mundo".[115] Enfatiza, também, que "o sacrifício da nova aliança é um sacrifício de amor".[116]

No "escândalo da cruz" entra em jogo a relação "amor-sacrifício".

> O sacrifício é a prova do verdadeiro amor que, sem medir esforços, deseja, antes de tudo, o bem da pessoa amada. Por outro lado, o amor é a força misteriosa que sustenta todo sacrifício. Assim nos ensinou Jesus. Nascendo verdadeiro homem no meio de nós quis assumir os sofrimentos e os acontecimentos de todo ser humano. A vida de Jesus, a sua Paixão e morte na cruz são para nós como um livro aberto no qual podemos ler a evidência do amor de Deus por nós.[117]

A chave de compreensão, então, é o "amor de Deus por nós".[118] Jesus, servo de Javé, carrega e suporta todo o peso deste amor. Neste sentido, o episódio do Getsêmani (cf. Mc 14,32-42; Mt 26,36-46; Lc 22,40-46) é paradigmático porque Cristo "sofre não tanto a previsão de seu sofrimento e de sua morte quanto o mistério da liberdade do *homem* diante do pecado: ver que se odeiam, se destroem ao longo do tempo".[119] Jesus as-

---

[115] ALMEIDA, Eucaristia sacrificio d'amore, p. 45. Tradução nossa.
[116] Ibid., p. 45. Tradução nossa.
[117] Id., Amore e sacrificio, p. 40. Tradução nossa.
[118] Ibid., p. 40. Tradução nossa.
[119] SPA 124. Grifo do autor.

sume o drama que a humanidade enfrenta diante do sofrimento e da morte e reza ao Pai: "'*Abba*'! Ó Pai! Tudo é possível para ti: afasta de mim este cálice; porém não o que eu quero, mas o que tu queres" (Mc 14,36).[120]

A metáfora do cálice, que no Antigo Testamento e no livro do Apocalipse indica o castigo e a ira divina, no Evangelho de Marcos, sem perder o teor de sofrimento que a caracteriza, simboliza a vontade divina (cf. Mc 14,36). Diante desta vontade, Jesus sente a angústia de uma obediência dolorosa (cf. Mt 26,37). Tal angústia não consiste em optar por obedecer ou desobedecer. Sua oração almeja, apenas, uma possível modificação da vontade do Pai. Prostra-se, na qualidade de servo, embora não renuncie à identidade de Filho que manifesta ao Pai seu drama interior (cf. Mt 26,39).[121]

> Diante do sofrimento, das provações, das injustiças, a oração torna-se muito difícil, somos quase bloqueados psicologicamente diante da imagem de um Deus que não parece ser Pai, não parece ser bom. Para Jesus, até nos momentos de sofrimento, o Pai é sempre Pai. [...] É necessária a luz da Paixão do Senhor para ter a capacidade de compartilhar com as pessoas as situações difíceis e para encontrar a força interior que nos faça dizer, como Jesus, "Pai, em tuas mãos entrego o meu espírito".[122]

---

[120] Cf. ibid., p. 124.
[121] Cf. MAGGIONI, Os relatos evangélicos p. 15-47.
[122] ALMEIDA, La preghiera, p. 45. Tradução nossa.

Na obra de orientação para Exercícios inacianos, Dom Luciano oferece algumas pistas de compreensão, úteis à contemplação do drama vivenciado por Jesus no horto das oliveiras.

> O cálice difícil de beber – no fundo – é a ilogicidade do pecado e da morte. Gostaria de reduzir o homem à lógica. Mas a solução é aceitá-lo como ele é e abandonar-se aos caminhos do Pai. Cristo torna-se obediente até a morte, aceitando entrar no mundo-do-pecado do homem sofredor e mortal. Aceitar toda esta situação de pecado e de salvação pela morte é o excesso de amor de Cristo, é a grande palavra do Pai, que *atrai* o homem e o salva.[123]

A *via crucis*, portanto, não é o castigo infligido ao Filho. É, conforme a expressão do bispo jesuíta, a "grande palavra do Pai",[124] pronunciada na história da humanidade, por meio do Verbo encarnado. É uma "palavra" escrita pela tinta de humilhações e padecimentos físicos (cf. Mc 14,43–15,32). Com efeito, Jesus é

> [...] tratado como malfeitor (aprisionado, ligado, Jo 18,12), considerado louco (Herodes, Lc 23,11), maltratado (pancadas, Jo 19,3; açoites, Jo 19,1; espinhos, Jo 19,2), desprezado diante de Barrabás (18,40), desfigurado.[125]

---

[123] SPA 124. Grifo do autor.
[124] Ibid., p. 124.
[125] Ibid., p. 132.

Suporta a traição de Judas (cf. Mt 26,14-16.47-56), a quem a bondade do Mestre passou despercebida; a negação de Pedro (cf. Mc 14,26s.66-72), que, ao basear-se apenas em suas forças, se desvincula do projeto do Reino; e o abandono dos demais discípulos (cf. Mt 26,56) incapazes de conformar-se a um messianismo inglório.[126]

Na interpretação de Dom Luciano, o sofrimento de Jesus Cristo não é autorreferencial. Remete à incompreensão do projeto do Pai.

> [Cristo] Não sentia tanto a dor de ser abandonado, traído ou negado. Experimentava o sofrimento de ver que os que ele amava eram fracos e não viviam os caminhos do Pai. É a força do seu amor que o faz sofrer.[127]

Contudo, é inegável, do ponto de vista humano, a frustração experimentada por Jesus. O indício mais claro é o fracasso da oração, dirigida ao Pai, para que seus discípulos fossem libertos do mal (cf. Jo 17,15). O desfecho não corresponde ao pedido. Na hora da provação, as pessoas que mais ama sucumbem. Deste modo, desmentem terem sido confirmadas na verdade (cf. Jo 17,17).[128]

---

[126] Cf. ibid., p. 125.
[127] Ibid., p. 125-126.
[128] Cf. ibid., p. 126.

A categoria do insucesso, porém, não é exaustiva para compreender a *via crucis*. Jesus, na qualidade de servo, que está no caminho da cruz, penetra no âmago do mundo de pecado no qual se encarnou. É isto que acontece, por exemplo, quando enfrenta o julgamento injusto, protagonizado tanto pelo poder religioso, representado por Anás e Caifás, quanto pelo poder político, nas pessoas de Herodes e Pilatos (cf. Lc 22,66-23,24).[129] Diga-se de passagem, "a Paixão é toda injusta".[130]

Jesus reage diante dos dois poderes autoidolatrados, que contradizem o seu Deus e oprimem as pessoas.[131] Identifica-se, sem privilégios, com os injustiçados, a quem veio salvar. Investe sua liberdade para amar.

> Ele se entrega consciente e livremente a isso (Mt 26,53). Assume tudo porque quer e porque ama a todos, sobretudo os injustamente condenados, levando a verdade da encarnação até o limite de identificação com os homens. Cristo aceitou encarnar-se no "corpo-de-pecado", com todas as consequências que isso inclui.[132]

---

[129] Cf. ibid., p. 127.
[130] Ibid., p. 127.
[131] Cf. SOBRINO, Cristologia a partir da América Latina, p. 225.
[132] SPA 127.

Tais considerações levam-nos a concluir que, além do binômio "amor-sacrifício", anteriormente visto, o escândalo da cruz contempla outra relação importante, isto é, "amor-liberdade". À luz desta relação, a morte na cruz aparece em toda a sua verdade. Não como fruto de uma decisão divina extrínseca à história, mas, sim, como consequência da encarnação e da livre aceitação de Jesus.[133]

Cristo é o servo justo que, livremente, sofre por amor e entrega sua existência porque "para Jesus, amar é dar a vida por nós".[134] Em última análise, o escândalo da cruz *epifaniza* o amor *ad intra* e *ad extra* da Trindade e compromete os crentes a uma nova vivência das relações humanas. De fato, "é o grande sinal de amor entre o Pai e o Filho, do Pai e do Filho por nós, do amor que somos chamados a ter até o dom de nós mesmos a nossos irmãos".[135]

## 3.3 O significado do sofrimento do justo

As reflexões de Dom Luciano sobre Jesus, servo sofredor, são acompanhadas pela preocupação de compreender, à luz da dor de Jesus Cristo, o significado de todo padecimento injusto neste mundo. E se pergunta: "Por que sofre um homem que está em gra-

---

[133] Cf. SOBRINO, Cristologia a partir da América Latina, p. 224.
[134] ALMEIDA, Eucaristia e transformação, p. 376.
[135] SPA 137.

ça de Deus, por que um homem 'justo' vive no sofrimento?".[136] A resposta que interpreta o sofrimento humano como purificação ou consequência dos pecados, apesar de ser verdadeira, torna-se insuficiente diante de pessoas boas que sofrem tanto.[137]

Para chegar a uma explicação teológica plausível do sofrimento do justo neste mundo, o pastor jesuíta, fiel ao seu método de argumentar sobre questões difíceis, se serve de uma comparação. Compara a realidade deste mundo, com suas contradições, injustiças e violências, a um hospital de subúrbio. Trata-se de uma estrutura hospitalar desagradável, na qual um jovem drogado, acompanhado por sua mãe, deve se submeter a tratamento clínico. Ambos sofrem os mesmos efeitos nefastos daquele ambiente. Contudo, há uma diferença. A estadia do jovem naquele lugar deve-se ao fato de ser drogado e à necessidade de se tratar. A mãe encontra-se ali, exclusivamente, para ficar ao lado do filho em tratamento e servi-lo. Por causa disso, renuncia a qualquer privilégio, por amor.[138]

A analogia, simples e expressiva, permite a Dom Luciano demonstrar, primeiramente, que, na existência humana, é possível experimentar um tipo de sofrimento voluntário, baseado, unicamente, no amor. Em

---

[136] JCL 27.
[137] Cf. ibid., p. 27.
[138] Cf. ibid., p. 27-29.

segundo lugar, explica o sentido do sofrimento de Jesus Cristo, o justo que sofre pelos injustos (cf. 1Pd 3,18) e, por conseguinte, o de todo justo que padece nesta terra. Em síntese,

> assim como aquela mãe entrou no quarto de hospital, porque quis, e renunciou a todas as condições de vida que possuía, assim o Cristo se encarnou e, na descrição da Carta aos Hebreus (Hb 2,17; 4,15), "em tudo se assemelhou aos homens", menos, é claro, "no pecado". Como aquela mãe que estava ali no quarto do hospital com o filho e sofria tudo o que ele sofria, assim também o Cristo entra neste nosso mundo. É alvo da inveja, da injustiça, da calúnia, e até mesmo da morte. Não desce da cruz. Fica na cruz e morre. O Cristo entra nesse hospital, nesse ambiente desagradável que é o mundo.[139]

Cristo sofre em profunda comunhão com a humanidade, pois

> ele quis ficar ao lado do homem, quis entrar no sofrimento da vida humana. Entrou no drama dos homens, assumiu a vida no que ela tem de mais duro. E por que isso? Por que nos amou.[140]

A exegese do sofrimento de Jesus Cristo, delineada por Dom Luciano, desabrocha na compreensão do drama de quem, injustamente, sofre, neste mundo, onde acontece todo tipo de fatalidade. À luz da expe-

---

[139] Ibid., p. 29.
[140] Ibid., p. 31.

riência de Cristo, servo sofredor, percebemos que "não podemos viver no mundo que abriga o pecado, sem sofrermos seus efeitos".[141] Além disso, aprendemos que é inútil encarar o sofrimento buscando sua razão no âmbito da vida pessoal, como fez Jó, no Antigo Testamento.[142]

Outro enfoque é possível. O referencial imprescindível é Jesus Cristo, que na oferta da sua vida "por nós" mostra que é, teologicamente, razoável suportar uma situação indevida. A dor é encarada a partir de uma perspectiva de comunhão, solidariedade e fraternidade.[143]

A vocação cristã, portanto, não combina com uma existência isenta de dificuldades. Com efeito, "a vida cristã é isso: seguir a Cristo no martírio, no 'dar testemunho' pela vida, no serviço que revela um amor intenso, no anseio de comunhão, na comunicação da vida ao irmão pecador"[144] (cf. Mt 5,11).

Em razão disso, Dom Luciano define o tempo presente como "tempo da paciência" (cf. 2Pd 3,8-9), no qual Deus permite que justos e pecadores convivam. É uma convivência assumida na linha da solidariedade, do serviço e da comunhão. Tal forma de partilha, por

---

[141] Ibid., p. 32.
[142] Cf. ibid., p. 32.
[143] Cf. ibid., p. 32-33.
[144] Ibid., p. 34.

ser prolongamento da vida de Jesus Cristo, pode ser causa de salvação para os irmãos.[145] Concretamente,

> o cristão recebe a força da caridade de Cristo, para continuar, dentro desta vida, operando a conversão dos irmãos. É claro que é Deus quem age internamente, mas o faz por meio do sinal, da palavra, do gesto, do testemunho dos homens justos. Então, qual deve ser a nossa oração? A de quem "assume" a própria vida. A vida é para nós o próprio combate cotidiano da existência humana. É o drama de um mundo em parturição de redenção. Gente que nasce, gente que morre, gente que ri, gente que sofre. Todos destinados à salvação na solidariedade.[146]

A reflexão do nosso autor nos convida a nos desfazer de uma visão punitiva do sofrimento, tanto em relação a Jesus Cristo quanto a nós mesmos. Com efeito, "o sofrimento que atinge o justo em sua vida não é castigo de seu pecado, embora possa o justo sempre se purificar e merecer muito diante de Deus. 'Estamos aí', para o bem dos irmãos".[147] Além disso, Dom Luciano demonstra a ineficácia de qualquer teologia retributiva, onde a bênção de Deus depende da presença ou ausência de determinadas vantagens pessoais.

---

[145] Cf. ibid., p. 34-36.
[146] Ibid., p. 37.
[147] Ibid., p. 36.

Todo benefício vem de Deus, mas o não ter certos benefícios não significa que não somos amados por Deus. Pelo contrário, é muito maior o gesto de amor de Deus em nos fortificar para sermos capazes de enfrentar o sofrimento que intensifica mais a nossa comunhão com os outros.[148]

A barreira do mal é ultrapassável, porque há um único modo para encará-lo, isto é, o amor que se torna solidariedade, partilha e, em definitiva, serviço aos irmãos.[149] Eis, enfim, a grande lição de Jesus Cristo, servo sofredor!

## Conclusão

No aprofundamento da vocação cristã, como serviço, é imprescindível a referência a Jesus Cristo, em quem encontramos a fonte e a medida do serviço cristão.

O atual contexto, eclesial e extraeclesial, obriga-nos a elucidar melhor nosso referencial. Com efeito, numerosos grupos religiosos se distanciam do Jesus apresentado pelos evangelhos, para anunciar um Cristo submisso aos caprichos humanos, em total dissonância com o messianismo vivenciado por Jesus de Nazaré. O conteúdo deste anúncio, mais voltado a satisfazer o egoísmo humano, jamais fundamentará

---

[148] Ibid., p. 37.
[149] Cf. ALMEIDA, La preghiera, p. 45.

aquela atitude máxima de abertura aos outros que é o amor-serviço.

Dos escritos de Dom Luciano emerge, em sintonia com a Revelação evangélica, a proposta para atuar o discipulado cristão, como conformação ao Cristo pobre, servidor dos pobres, servo sofredor. Desta forma, compreendemos que, no âmbito cristão, servir é muito mais que fazer algo para alguém. É, antes de tudo, assumir o dinamismo quenótico do Filho de Deus e pautar a própria existência em vista do bem dos irmãos, com amor gratuito. A verdadeira felicidade, no pensamento do bispo jesuíta, não consiste em estar bem, mas, sim, em fazer o bem. Este fazer emerge da espiritualidade do serviço, a qual trataremos no próximo capítulo, explicitando a concepção de Dom Luciano.

# Capítulo Terceiro
# Dom Luciano e a espiritualidade do serviço

*Ser discípulo é assumir como lema de cada dia o serviço gratuito aos irmãos e irmãs, a começar com os mais necessitados.*

*(Dom Luciano)*

## Introdução

Abordaremos, neste capítulo, a espiritualidade do serviço da proposta de vida cristã de Dom Luciano. Para compreendê-la, de modo satisfatório, é necessário conhecer o testemunho de vida de nosso autor e a cristologia exposta em seus escritos.

O primeiro capítulo mostrou como Dom Luciano não foi um teórico do serviço cristão. Para ele, viver foi servir e servir foi viver. A raiz da vocação cristã como serviço, aludida no segundo capítulo, é cristológica. Servir é, antes de tudo, conformar-se ao Cristo pobre, servidor dos pobres e servo sofredor. É viver no estilo de Jesus, que veio servir e não ser servido (cf. Mt 20,22).

Dom Luciano nunca teoriza o tema do serviço. Sua espiritualidade do serviço começa por um trabalho interior de integração do próprio eu, a fim de se dispor para interiorizar o próximo. Em segundo lugar, assume, como princípio norteador, a primazia do outro, que é uma exigência do amor cristão. Enfim, a espiritualidade do serviço, dirigindo-se de modo prioritário aos últimos da sociedade, possibilita a vivência do amor universal.

## 1. O pressuposto da interiorização

Uma autêntica espiritualidade do serviço nasce da percepção da imprescindibilidade do amor ao próximo. Com efeito, "não basta dizermos 'é bom amarmos o outro', mas temos que ver uma questão de vida ou de morte; ou nós amamos o outro, interiorizamos o outro, ou nós ficamos impreterivelmente fechados sobre nós mesmos",[1] como o jovem rico do Evangelho (cf. Mt 19,22).

A interiorização do outro obriga a cumprir um caminho que conduza as pessoas a abandonarem a periferia do próprio eu, isto é, a superarem aquela superficialidade que quebra a unidade interior, não exige compromisso e provoca um enorme desgaste

---

[1] CDI 2.

de energias. A doação de si mesmo, para que não seja meramente teórica, exige a capacidade de se possuir, não no sentido negativo de fechar-se, mas no outro, positivo, de criar condições para entregar-se com todo o ser.[2]

Segundo Dom Luciano, "há realmente em nossa vida consciente um gasto e um desgaste de energia na periferia do nosso eu",[3] sobretudo, por causa de três fatores. O primeiro é a tecnologia. Se, por um lado, esta é útil ao ser humano, por outro, escraviza-o. Com efeito, exige dele contínua aprendizagem de novos processos de funcionamento. O segundo fator de distração é dado pelos meios de comunicação. Estes repassam numerosas informações, até a respeito de realidades importantes, que os usuários, porém, não conseguem assimilar. Além disso, suscitam curiosidade e interesse por elementos insignificantes.[4] Finalmente, a estadia do ser humano na periferia de si mesmo é fomentada pela sociedade padronizada na

---

[2] Cf. ibid., p. 2; ALMEIDA, Teologia espiritual, p. 4-6.

[3] CDI 4.

[4] Acerca da influência dos meios de comunicação na vida dos indivíduos, as observações de Dom Luciano, expostas em 1971, são ainda atuais, conforme a análise do Papa Francisco em sua primeira Exortação Apostólica. O papa escreve: "Vivemos em um sociedade da informação que nos satura indiscriminadamente de dados, todos postos ao mesmo nível, e acaba por nos conduzir a uma tremenda superficialidade no momento de enquadrar as questões morais" (EG 64).

qual vive. As energias são gastas para se conformar a ritmos, costumes e modalidades da vida de outros.[5]

Quando a pessoa humana decide sair da periferia do eu para retornar ao próprio íntimo, defronta-se com duas opções. A primeira, a decepcionante experiência da solidão, "porque [a saída da periferia] nos deixa com a nostalgia, com a saudade do contato com as outras pessoas".[6] Com efeito,

> [...] Quando deixamos de lado a conversa superficial e entramos no interior de nós mesmos, percebemos que vamos ficando sozinhos, sem interlocutores [...]. No profundo de nosso ser, ali, onde os outros não conseguem penetrar, encontramo-nos com a impressão forte da solidão. E isto nos entristece. Esta tristeza revela que cada um de nós é feito de abertura ao outro. Captamos, então, algo maravilhoso: somos feitos para a comunhão.[7]

A segunda opção é a oportunidade de permitir ao outro viver dentro de si, por meio de um tipo de presença afetiva, superior à simples presença física e à imaginativa,[8] porque "é o tornar-se presente ao outro através do amor".[9] Em suma, "não é só levar o outro

---

[5] Cf. CDI 2-3; ALMEIDA, Teologia espiritual, p. 2-4.
[6] CDI 5.
[7] ALMEIDA, Presente de Natal, p. 2.
[8] A presença imaginativa se dá pela simples imaginação de uma presença física e, portanto, é muito pobre (cf. CDI 5-6).
[9] Ibid., p. 6.

presente, amado, possuído e querer estar em relação maior, mas é realmente chegar a uma comunhão".[10] Tal comunhão, pelo fato de acontecer entre corporeidades, passa, necessariamente, por uma comunicação de sinais, entre os quais há, também, a expectativa e o silêncio. A experiência do amor, vivenciada desta forma tão profunda, constitui o elemento de superioridade do ser humano sobre os demais seres vivos.[11] Contudo, a descoberta da presença afetiva e, às vezes, subliminar do outro não é término do caminho de interiorização.

## 1.1 Da presença dos outros à presença do "Outro"

O ser humano se interroga sobre o fundamento do próprio existir e da realidade como um todo para além da cortina dos acontecimentos e das pessoas. Na busca por uma presença primeira, pode chegar a descobrir um ser maior, a saber, Deus.[12] A primeira percepção interior da pessoa humana, enquanto criatura, é que "o amor de Deus é a própria gratuidade do gesto criativo",[13] fora do qual é impossível e irracional pensar-se (cf. Tb 8,6; Sl 139,13-16; Is 45,12). Segundo

---

[10] Ibid., p. 8.
[11] Cf. ibid., p. 9-13; JCL 18.
[12] Cf. CDI 14-15.
[13] Ibid., p. 15.

Dom Luciano, há um processo de teologia natural, independente da Revelação cristã, no qual alguns sinais desvendam ao ser humano a presença misteriosa de Deus. Ele se apercebe como criatura que vem do ato de amor gratuito de um Ser superior. A descoberta da presença divina deve ser compreendida não como se Deus antes fosse ausente e depois se tornasse presente. A presença de Deus é constante, mas eclode quando a criatura humana se torna presente a ele.[14]

> É que em nosso íntimo, de fato, não vivemos sozinhos. Eis a chave do mistério. Para além da solidão, feitos para comungar com o outro, descobrimos em nós a presença viva de Deus. No íntimo só Deus penetra, reside e oferece comunhão plena. Sem ele ninguém vence a solidão radical.[15]

A presença de Deus, embora se deixe revelar por alguns sinais, não precisa de linguagem corpórea para a comunicação com a criatura humana (cf. Dt 4,33; 5,24-26). Na comunhão com Deus, de fato, o pensamento, isto é, "aquela atividade que se dá nos limites do nosso íntimo ainda não exteriorizado",[16] é suficiente para o encontro com ele, cuja presença

> não passa pelo gesto, pela palavra ou pelo olhar. Ela é interior ao espírito do homem e revela-se no momen-

---

[14] Cf. CDI 15.
[15] ALMEIDA, Presente de Natal, p. 2.
[16] CDI 15.

to mesmo em que ele se abre à verdade de Deus que o ama. Deus está presente em sua transcendência[17] (cf. Os 2,16; Nm 12,6; 1Sm 3,1-14).

Em virtude disso, precede todo sinal e é constante, razão pela qual é impossível ao ser humano, em algum momento, pensar-se não envolvido pelo amor de Deus.[18] É celebre a frase de Santo Agostinho, dirigindo-se a Deus: "Vós, porém, éreis mais íntimo que o meu próprio íntimo e mais sublime que o ápice do meu ser".[19]

A tomada de consciência do amor divino por parte do ser humano é uma experiência progressiva (cf. Sl 27,8-9), que, na saída da periferia da própria existência para um retorno ao centro dela, se depara com a própria historicidade, constituída pelo passado, pelo presente e pelo futuro. Diante destas três áreas predomina uma sensação de impotência que chega a assumir os traços de uma angústia asfixiante (cf. Sl 69,3; 88; 129).[20]

## 1.1.1 A integração do passado

Quando as pessoas se situam diante do passado, deparam-se com uma realidade de destruição, provocada pelo ódio entre os seres humanos.

---

[17] JCL 19.
[18] Cf. CDI 15.
[19] AGOSTINHO, Confissões, III, 6.
[20] CDI 28.

[A pessoa humana] Voltando para o passado, vê não só a destruição de catedrais, de vida humana ou a maldade na sua aparência, digamos, na sua estrutura plástica, mas ele se pergunta sobre o próprio homem e vê que o homem é capaz de matar, de destruir, portanto, ele leva no íntimo uma fonte de ódio.[21]

Os acontecimentos negativos da história são mais fortes do que os positivos e não há certeza de que certos erros não possam ser repetidos. Talvez, também, uma atenta análise da história pessoal de cada indivíduo chegaria a mostrar falta de amor desde os primórdios da existência dele. Em suma, em relação ao passado, experimenta-se a miséria e a decepção.[22]

Um primeiro caminho de superação desta sensação negativa é dado pelo amor humano, que se traduz em escuta e acolhida da pessoa, assim como ela é. Por meio da amizade, então, o peso do drama de destruição do passado é comunicado e partilhado (cf. Pr 27,9; Eclo 6,14-16).[23]

Contudo, há uma experiência ainda mais profunda e total, capaz de libertar o ser humano da solidão do próprio passado. Trata-se da consciência da bondade de Deus (cf. 1Jo 3,20), como amor que perdoa (cf. Os 1–3; Sl 103,8-10), tanto em relação a si mesmo

---

[21] CDI 21.
[22] Cf. JCL 16.
[23] Cf. CDI 29-30; JCL 16.

quanto em relação à humanidade toda, cuja história irracional fica dissolvida, porque Deus tira o bem até desse mundo tão malvado (cf. Sl 32,1-5; 65,3-4; Is 1,18; Pr 28,13).[24] Tal experiência não se baseia ainda nos elementos da Revelação cristã, mas "é apenas a descoberta que o homem faz da verdade de Deus bom na sua vida, dentro ainda de uma teologia quase natural, ele pode se sentir envolvido pelo amor que perdoa, pelo amor de Deus".[25]

## 1.1.2 A integração do presente

No processo de interiorização, além do passado, também o presente faz a pessoa entrar num estado de impotência, por não conseguir alcançar os objetivos prefixados. Experimenta-se uma desproporção constante entre o projeto e a realização do mesmo, igual à do artista que nunca consegue finalizar a obra conforme planejara. Portanto, o presente gera frustração.[26]

O estado de insatisfação pode ser suprimido pela valorização do outro. O que, aparentemente, é insignificante fica valorizado pela pessoa que ama (cf. Pr 27,9).

> [...] As menores coisas são valorizadas na linguagem afetiva e são tiradas da insignificância. De modo que aquela defasagem, aquela falta de proporção entre

---

[24] Cf. CDI 32.
[25] Ibid., p. 32.
[26] Cf. ibid., p. 24-25; JCL 16.

projeto existencial e realização, é suprida pelo amor do amante. [...] Há uma grande relativização das coisas por aqueles que têm olhos de amor. Dentro desta perspectiva nós vemos que a vida humana vai sendo assumida pelo amado.[27]

A valorização do presente, possível no relacionamento entre seres humanos, é ainda mais fecunda para quem experimenta a irrupção do amor de Deus (cf. Sl 103,11-17). Com efeito, se o ser humano dá valor, apenas, ao que o outro faz, Deus, que conhece o coração humano e não se importa com as exterioridades, valoriza todo o esforço e toda a boa intenção que há atrás da ação cumprida, mesmo quando esta passa despercebida ou incompreendida no nível humano (cf. 1Sm 16,7; 1Rs 8,39; Sl 7,9; 139; 147,10; Jó 10,4).[28]

## 1.1.3 A integração do futuro

Quando a pessoa se encontra diante do futuro, a sensação não é mais de destruição, como acontece em relação ao passado, ou de frustração, como em relação ao presente. É de ilusão perante algo misterioso. A causa encontra-se na experiência da própria fragilidade, que se sobressai na falta de oportunidades, na constatação do envelhecimento e da brevidade da vida (cf. Jó 14,1-2; Eclo 40,1-9; Sb 2,1-3; 9,5; Sl 39,6-7; Tg 4,14).[29]

---

[27] CDI 31.
[28] Cf. ibid., p. 32; JCL 17.
[29] Cf. CDI 26-27; JCL 16.

A presença de alguém na vida de quem experimenta o temor do futuro permite que esse perca seu véu de mistério. Não porque haja mais clareza quanto ao que há de vir, mas porque há alguém que assume, em comunhão, as expectativas futuras (cf. Ecl 4,9-12).[30] Dom Luciano explica esta dinâmica através de uma lembrança pessoal:

> Lembro-me de uma história do tempo de guerra. Todos refugiados num abrigo contra bombardeio, acaba o tempo, dá aquela sirene, o pessoal sai do abrigo e a cidade tinha sido destruída. De modo que marido e mulher sobem, vão à própria casa, casa que eles tinham construído com tanto sacrifício, com tanta dedicação, olham um para o outro e ele diz para ela, apertando as mãos dela: "Eu tenho você, nós vamos recomeçar". [...] O futuro parece que perde o seu temor, porque ele é vivido na companhia de quem ama.[31]

Esse tipo de experiência torna-se ainda mais forte com a descoberta da presença de Deus. A este, o ser humano pode se entregar com confiança, na certeza de um amor envolvente que supera qualquer percepção de precariedade pessoal (cf. Ex 15,2; Is 12,2; Sl 23; 40,5; 71,5).[32]

Finalmente, nesse processo de integração da pessoa, o envolvimento do amor puramente humano é

---

[30] Cf. CDI 31; JCL 16.
[31] CDI 31.
[32] Cf. ibid., p. 33.

limitado. É insuficiente para reabilitar o passado por inteiro; incapaz de valorizar totalmente a pessoa no seu presente; impossibilitado a prometer seu apoio para um futuro eterno. É uma experiência válida e, ao mesmo tempo, incompleta.[33]

> Para isso fomos feitos: para entender que a amizade e o amor humano valem muito. Aproximam as vidas que se doam e se completam. Mas não é tudo. Temos de descobrir, para além do amor humano, que há algo imensamente maior: o encontro, já nesta vida, dentro de nós, com o próprio Deus que se faz presença.[34]

Portanto, a integração do "eu" histórico passa pela descoberta de Deus, "não mais a descoberta intelectual de Deus, mas a experiência factuante, a vivência do amor de Deus",[35] que permite a saída da situação de angústia existencial para a experiência de salvação (cf. Sl 22).[36]

## 1.2 A contribuição da Revelação cristã ao processo de interiorização

A Revelação cristã "aprofunda a experiência que o homem tem de ser amado por Deus".[37] Jesus Cris-

---

[33] Cf. JCL 16-17.
[34] ALMEIDA, Presente de Natal, p. 2.
[35] CDI 33.
[36] Cf. ibid., p. 33; JCL 17.
[37] CDI 36.

to, conforme se falou no segundo capítulo, com sua vida, *epifaniza* o amor de Deus invisível (cf. Cl 1,15; Rm 8,31-39). O ponto de convergência de toda a Revelação cristã está na grande afirmação de Jesus: "Eu e o Pai somos um" (Jo 10,30). À luz destas palavras, é possível interpretar toda a vida de Jesus Cristo como revelação de sua transcendência e do mistério de sua pessoa (cf. Jo 14,20; 15,15).[38] De que modo isso acontece?

> Em primeiro lugar, ele vai amando os homens através da vida, vai fazendo aquilo que revela amor aos homens. Em segundo lugar, mais profundamente, ele vai se revelando como Deus, assim que aquela revelação de amor é a revelação do próprio Deus amando os homens.[39]

Tal revelação atinge a pessoa humana no tríplice desdobramento de sua historicidade: passado, presente e futuro.

## 1.2.1 Jesus Cristo e o passado do ser humano

Em relação ao passado, como vimos, a descoberta de Deus permite uma integração do eu da pessoa, por meio da compreensão e do perdão divino. A Revelação de Jesus Cristo confirma a postura misericordiosa divina diante da miséria do passado do ser humano (cf. Mt 9,10-13; Lc 5,20; 7,48; 23,39-43) e "se apresenta

---

[38] Cf. ibid., p. 36-37.

[39] Ibid., p. 36-37.

como a grande recuperação, superação dessa miséria, a grande saída dessa situação de depressão na certeza do perdão. Ninguém pode amar a Jesus Cristo e pensar que ainda está no seu pecado"[40] (cf. Lc 7,36-39). Nesse sentido, deve ser interpretada a afirmação inequívoca, pronunciada diante do homem paralítico: "Filho, os teus pecados estão perdoados" (Mc 1,5). Neste mesmo horizonte hermenêutico, devem ser lidas as palavras de Jesus à mulher adúltera: "Eu também não a condeno. Pode ir, e não peque mais" (Jo 8,11).

Afinal, "nós entendemos que aceitar Cristo é aceitar que estamos sendo perdoados pelo Pai no sangue de seu Filho",[41] pela ação do Espírito (cf. Mt 26,28; At 5,31; 10,43; 13,38; Hb 2,17; Rm 3,22-26; 4,25; Ef 1,7; Cl 1,14; 1Pd 2,24; 1Jo 2,2). Por isso, Paulo enfatiza que não há nada que nos possa separar deste amor de Deus, que se manifestou em Jesus Cristo (cf. Rm 8,39).

### 1.2.2 Jesus Cristo e o presente do ser humano

Quanto ao presente do ser humano, Jesus Cristo confirma a valorização mais profunda por parte de Deus, que é "o Pai que vê o escondido" (Mt 6,4.6). Para quem crê em Jesus Cristo, o presente é rico de significado. De fato, o agir humano não assume valor por aquilo que é exteriormente perceptível. Assume-o

---

[40] Ibid., p. 38.
[41] Ibid., p. 38.

pelo olhar de Deus, que penetra nas profundezas das intenções do coração humano (cf. Mt 6,1-8.16-18). Destarte, o que acontece no íntimo dos homens e das mulheres, mesmo quando fogem do "circuito dos relacionamentos humanos",[42] permanece, sempre, valorizado pelo Pai.[43]

Em relação ao presente, a Revelação cristã pacifica o coração humano porque lhe assegura o reconhecimento das intenções que subjazem a cada ação. Todo ser humano, ao acolher o amor de Deus, revelado por Jesus Cristo, "se sente valorizado, envolvido por esse amor e crê que a sua ação merece não só para si, mas para todos os seus irmãos. Ele sabe que tudo aquilo que ele faz no íntimo do seu coração o coloca no estado de comunhão com toda a grande fraternidade humana"[44] (cf. Sl 139,2; Hb 4,12b-13).

## 1.2.3 Jesus Cristo e o futuro do ser humano

A Revelação cristã traz um horizonte esperançoso acerca do futuro humano, além de permitir uma integração positiva em relação ao passado e ao presente do ser humano. Se, por um lado, a brevidade da vida humana amedronta (cf. Eclo 40,4), por outro, a palavra de Jesus Cristo, a quem o Pai deu o poder de dar

---

[42] Ibid., p. 39.
[43] Cf. ibid., p. 39.
[44] Ibid., p. 39.

a vida (cf. Jo 5,21; 1Jo 5,11-12), conforta. Jesus oferece esta certeza, ao afirmar:

> Quem come a minha carne e bebe o meu sangue tem a vida eterna, e eu o ressuscitarei no último dia. Pois minha carne é verdadeira comida e o meu sangue verdadeira bebida. Quem come minha carne e bebe meu sangue permanece em mim e eu nele (Jo 6,54-56).[45]

O futuro misterioso do ser humano perde todo aspecto enigmático, porque é desvelado por Jesus Cristo, cuja ressurreição é penhor da ressurreição dos que nele creem (cf. Jo 6,39-40.44; 1Cor 15,11-28; Ef 2,6; Cl 2,12).[46]

Em última análise, o ser humano, que se abre à Revelação trazida por Cristo, no processo de interiorização, ao enfrentar a sensação de destruição do passado, a impotência do presente e o mistério do futuro, não só descobre Deus como ser transcendente e bondoso, mas o reconhece como o Pai de Jesus Cristo e, também, como nosso Pai. Para Dom Luciano, a experiência paternal de Deus não acontece em termos psicológicos e, sim, teológicos. Portanto, remete à ex-

---

[45] Cf. ibid., p. 39.

[46] Cf. ibid., p. 39-40. Parece-nos oportuno recordar o comentário de Bento XVI, na carta encíclica *Spe Salvi*, à exortação de Paulo aos Tessalonicenses, para que não se entristeçam como os demais (cf. 1Ts 4,13): "Aparece aqui também como elemento distintivo dos cristãos o fato de estes terem um futuro: não é que conheçam em detalhe o que os espera, mas sabem em termos gerais que a sua vida não acaba no vazio. Somente quando o futuro é certo como realidade positiva é que se torna vivível também o presente" (SS 2).

periência religiosa de Jesus Cristo: "Assim como o Pai de Jesus Cristo ama o Cristo, assim ele me ama".[47]

Este Pai garante o perdão ao filho que volta com a nudez do pecado (cf. Lc 15,11-32) e aprecia mais as secretas intenções do coração humano do que os resultados imediatos do presente (cf. Mt 6,1-18). Nas mãos deste Pai, como fez Jesus Cristo, os seres humanos se abandonam com confiança (cf. Lc 23,47; Jo 4,34).[48]

Ressaltamos que a contribuição da Revelação cristã, no percurso de abandono da periferia para o retorno ao centro do próprio eu, não termina com a integração da historicidade de cada indivíduo, mas abre caminhos para uma verdadeira interiorização do outro.

## 1.3 A interiorização do outro

Antes de tudo, importa constatar a experiência que o ser humano faz de seu semelhante. A maioria das relações humanas é superficial, devido à indiferença recíproca que existe entre as pessoas (cf. Lc 10,31-32). Além disso, o interesse pelo outro não supera os limites do periférico, por ser menosprezado ou avaliado pelos aspectos exteriores.

Contudo, há outra face da realidade a ser considerada. Desde o nascimento, o ser humano experimenta um contexto de intensa solidariedade. Segundo Dom

---

[47] CDI 43.
[48] Cf. ibid., p. 40.

Luciano, trata-se ainda de solidariedade periférica, a saber, baseada na simples troca de serviços recíprocos e, portanto, impossibilitada de alcançar um grau de comunhão profunda entre as pessoas.[49]

Estas constatações levam nosso autor a concluir que o número de pessoas interiorizadas é menor, no que diz respeito às que não são interiorizadas, e, além disso, o grau de interiorização não é tão elevado quanto o grau de rejeição.[50] Todavia, a Revelação cristã, mais uma vez, oferece pistas de saída para a situação dramática da não interiorização do outro.

### 1.3.1 Jesus Cristo interioriza o ser humano

À luz das reflexões cristológicas de Dom Luciano, amplamente expostas no segundo capítulo, a Encarnação do Verbo de Deus (cf. Jo 1,14) é a expressão da plena solidariedade de Deus para com o ser humano (cf. Lc 2,6-12.22-24.39-40). Paulo a sintetiza ao afirmar: "Quando, porém, chegou a plenitude do tempo, enviou Deus o seu Filho, nascido de mulher, nascido sob a Lei" (Gl 4,4). A experiência humana de Jesus Cristo, em virtude de sua entrada "na dinâmica da lei humana",[51] é uma experiência autêntica de interiorização do outro.

---

[49] Cf. ibid., p. 49.

[50] Cf. ibid., p. 50. Não podemos esquecer que estas reflexões de Dom Luciano surgem em pleno período de governo ditatorial no Brasil (1971), isto é, numa página dramática da história brasileira, onde a dignidade humana era reprimida.

[51] Ibid., p. 51.

Cristo se situa homem entre os homens, ele tem um tipo que revela, mesmo que ele não falasse, [...], um grau elevadíssimo de interiorização do homem. Cristo não vive num relacionamento de periferia com os homens. [...] Cristo é aquele que interioriza o homem porque o ama.[52]

A solidariedade de Jesus Cristo não admite privilégios para si. A Carta aos Hebreus recorda que, "embora fosse Filho, aprendeu, contudo, a obediência pelo sofrimento" (5,8). Não há dúvida, "Cristo podia ter encarnado, assumido um tipo de vida mais elevado. Pela revelação nós vemos o valor de sinal que ele escolheu, um esquema de vida humana dramaticamente duro".[53] Com efeito, enfrenta a rejeição e a perseguição de seus semelhantes (cf. Mt 2,1-23; Jo 10,31; Lc 22,54-60), até morrer na cruz (cf. Mc 15,29-37). Dom Luciano interpreta essa entrega oblativa de Jesus Cristo como "a expressão de quanto ele leva dentro os seus semelhantes",[54] para cujo bem universaliza os relacionamentos e supera os restritos vínculos familiares (cf. Mt 12,47-48).[55]

Os evangelistas atestam que "a interiorização do outro na vida de Cristo é poderosamente eloquente"[56] pelo total acolhimento das pessoas que encontra.

---

[52] Ibid., p. 52.
[53] Ibid., p. 53.
[54] Ibid., p. 52.
[55] Cf. ibid., p. 52-53.
[56] Ibid., p. 53.

Lembremo-nos de algumas: a filha de Jairo (cf. Mc 5,21-43); a mulher encurvada (cf. Lc 13,10-13); a multidão faminta (cf. Lc 9,12-17); a viúva de Naim (cf. Lc 7,11-15) etc. Em sua jornada terrena, Jesus esquece a própria dor, em vista da interiorização do sofrimento alheio. Com efeito, chora sobre Jerusalém (cf. Lc 19,41-44); sente compaixão pela multidão desnorteada (cf. Mc 6,34); entra em comunhão com o ladrão atormentado, na cruz, ao seu lado (cf. Lc 23,39-43).[57]

Assim, "toda a vida de Cristo é uma espécie de grande história de interiorização do outro",[58] a ponto de se tornar o grande legado para seus discípulos (cf. Jo 13,15). O *éthos* cristão se alicerça nela e impele a alcançar um nível singular de solidariedade com o outro, ao qual chamamos interiorização.[59]

## 1.3.2 A interiorização do outro na vocação cristã

A interiorização cristã do semelhante ocorre por meio de um tríplice caminho. A primeira vereda é a comunhão de bens, tanto do ponto de vista material quanto na perspectiva espiritual. Conforme as palavras de Jesus: "De graça recebestes, de graça dai" (Mt 10,8), o apostolado cristão se traduz na comunicação, no sen-

---

[57] Cf. ibid., p. 53.
[58] Ibid., p. 54.
[59] Cf. ibid., p. 54.

tido de pôr em comum tudo quanto se recebe gratuitamente (cf. At 2,42-47; 1Cor 12,4-11; Rm 12,4-8).[60]

A segunda vereda é a oração, que, para o cristão, consiste em "situar-se diante de Deus para pedir o bem para seu irmão"[61] (cf. Rm 1,10; 10,1; Fl 1,4; Cl 4,12; 1Tm 2,1; 2Cor 2,13,9). Se, por um lado, as antipatias entre os seres humanos se alimentam do preconceito, por outro, a oração interioriza o outro, antes de qualquer relacionamento. A oração, portanto, supera a dimensão puramente individual de relacionamento com Deus e, como desejo do bem alheio vivenciado na gratuidade e posto como pressuposto fundamental, faz eclodir a fraternidade (cf. Tg 5,16-18).[62]

> A oração torna presente os outros no coração, justamente na hora em que dialogamos com Deus. Ele é sempre presente, nos faz superar toda solidão e enche todo vazio. Nesta presença que preenche o coração e nos dá a experiência de sermos amados, incluímos os outros, sabendo que também eles são amados por Deus, ajudados por Deus e próximos de nós no Amor que envolve a todos. Eis a solução: abrir-se à presença de Deus e encontrar-se unidos a todos na certeza do Amor.[63]

---

[60] Cf. ibid., p. 54.
[61] Ibid., p. 54.
[62] Cf. ibid., p. 54; ALMEIDA, A serviço da vida e da esperança, p. 84.
[63] Id., Spiritualità della presenza, p. 149. Tradução nossa.

A terceira e mais sublime vereda é a solidariedade existencial, que não admite busca de privilégios ou evasões diante das contrariedades da vida. Assim, por exemplo, segundo Dom Luciano,

> o homem que tem o câncer, que vive a revelação desse amor contagioso do Cristo, não só ele tenta a cura para ser útil a todos os seus semelhantes, mas ele percebe que aquele câncer o coloca em comunhão com todos os cancerosos, assim como o fracasso coloca em comunhão com todos aqueles que vivem o fracasso. Assim também a viuvez, o exílio, por exemplo, ou a condenação injusta. Para o homem que vive a interiorização do outro, todo fato da vida, seja ele grato ou ingrato, é um processo de comunhão.[64]

O grau mais elevado de interiorização do outro acontece na experiência de solidariedade, que se traduz em assunção da existência alheia, a partir das tribulações pessoais (cf. 1Cor 9,19-23; 12,21-26; 2Cor 1,7). De fato, "o segredo da felicidade não está na ausência de sofrimento, mas na capacidade de doar-se pelos outros. Impossível amar de verdade sem assumir a vida de quem se ama",[65] conforme ensina o testemunho de Jesus Cristo (cf. Hb 4,15).

Finalmente, o ser humano interiorizado, isto é, aquele que abandona a periferia para entrar no íntimo de seu ser, apesar de deparar-se com a angústia de sua historicidade (passado – presente – futuro), sente-se

---

[64] CDI 55.

[65] ALMEIDA, A serviço da vida e da esperança, p. 88.

estimulado, pelo amor eterno que o envolve "no profundo de si mesmo onde o eu é mais eu",[66] a não fugir da dramaticidade da existência, mas a enfrentá-la na oblatividade, em comunhão com seus semelhantes (cf. Jo 15,12.17; 1Pd 1,22; 1Jo 3,11-12).[67]

> Jesus prometeu uma vida plena. Viver é amar e ser amado. Ele nos garante que seremos assumidos na vida de amor da Trindade, na felicidade de Deus. Passarão as guerras, a injustiça, o ódio. Seremos, enfim, irmãos sem distâncias, sem ressentimentos, sem discriminação. [...]. Pensar assim parece sonho, quando a realidade em que vivemos é tão conflitante, quando a fome mora na casa do pobre e a tristeza pesa no coração dos homens. No entanto, é preciso crer: Deus nos destina à comunhão. Esta certeza nos dá força para cumprirmos o Desígnio de Deus e lançarmos já nesta vida os alicerces desta comunhão.[68]

Seguindo o pensamento e o testemunho de vida de Dom Luciano, deduzimos que um dos pilares do alicerce de comunhão encontra-se na primazia do outro.

## 2. A primazia do outro

A primazia do outro nasce da vontade de querer conhecer o outro para amá-lo. Tal perspectiva foi ob-

---

[66] CDI 55.
[67] Cf. ibid., p. 55-56.
[68] ALMEIDA, Assunção de Nossa Senhora, p. 2.

jeto de contínuo aprofundamento na vida de Dom Luciano, que, numa entrevista, declara:

> Quando eu estudava Filosofia, me encantei muito com a perspectiva do conhecimento do outro e foi por aí que procurei orientar minha tese. Ainda hoje sou uma pessoa em busca desse conhecimento e tenho muito dentro de mim a convicção de que a falta de amor ocasiona o desconhecimento do outro. Só conhece quem ama. A mãe conhece um filho muito mais do que qualquer outra pessoa, justamente porque ela tem uma densidade maior de amor. Então, é no confronto que mais se desenvolvem a aceitação e o amor ao outro, uma vez que ajuda a superar a deficiência de conhecimento e dá condições de oferecer, se possível, algum valor com quem se está dialogando. Não se trata, portanto, de uma tática de relacionamento, mas é muito mais a expressão de uma convicção de que o confronto nunca se resolverá se não houver uma atitude básica de amor que passa pelo conhecimento da própria deficiência, pela vontade de colaborar com o bem do outro e pela certeza de que todo esse processo faz parte da vida humana e deve ser respeitado e sadiamente enfrentado.[69]

A comunhão torna-se possível à medida que considero o outro mais importante do que eu mesmo (cf. Rm 12,9-10). O Evangelho exige muito mais do que "amar o outro como a si mesmo", conforme comumente se diz. O amor cristão brota da descoberta

---

[69] RODRIGUES, Dom Luciano, o novo presidente da CNBB, p. 14.

do valor do outro e da consideração do outro como alguém superior a mim.[70] Se assim não fosse, seria impossível amá-lo, conforme a concepção de Jesus Cristo, para quem amar corresponde a dar a vida pelo irmão (cf. Jo 15,13). Em que consiste dar a vida?

> Dar a vida é considerar o próximo como mais importante do que nós mesmos. Essa sociedade será redimida, será libertada no momento em que cada pessoa humana discernir no seu irmão alguém que é mais importante, mais valioso do que ele mesmo.[71]

Tal princípio se alicerça na vida de Jesus Cristo, que veio dar a vida por nós (cf. Lc 20,28; Rm 5,6-7), razão pela qual os cristãos são chamados a dar a própria vida pelos irmãos (cf. 1Jo 3,16). Trata-se da dinâmica cristã de "amor primeiro": amados por Deus, através do dom de seu Filho (cf. Jo 3,16), no Espírito, antes de qualquer mérito pessoal (cf. Rm 5,7-9), somos impelidos a amar os outros com a mesma gratuidade (cf. Mt 18,33; 1Jo 4,11). Portanto, as palavras de Jesus: "O Filho do Homem não veio para ser servido, mas para servir e dar a sua vida em resgate por muitos" (Mc 10,45), constituem o horizonte do discipulado cristão, cujo maior testemunho de fraternidade se realiza, justamente, no

---

[70] Cf. ALMEIDA, Humanismo e civilização do amor, p. 23.
[71] Id., Educação, sociedade e participação, p. 10-11.

sofrimento com o outro e por causa dele (cf. Mt 5,11; 2Cor 6,4-5; 7,4-5; Cl 1,24; 2Tm 2,8-10; 1Pd 3,13-18).[72]

Eis a sintética, mas expressiva, fórmula de Dom Luciano: "Primeiro os outros, depois nós".[73] Tal fórmula surge dentro de um percurso de vida sempre mais orientado à alteridade. Eis uma declaração significativa do bispo jesuíta:

> Lembro-me, por contraste, da afirmação de Sartre quando diz: "o inferno são os outros". Por conselho de meu diretor de tese, em filosofia, optei pela antítese sartriana. Para mim, o importante é o outro: descobri-lo, conhecê-lo, amá-lo. Embalei minha vida nessa palavra, que, no fundo, é a palavra de Cristo, o "importante é o outro".[74]

É um antídoto cristão à mentalidade hodierna que governa a sociedade, onde "a mera afirmação da própria vontade sem regra, nem rumo, leva à desordem e ao desrespeito do outro".[75] As filosofias materialistas, que priorizam a dimensão econômica e negam o valor transcendente da pessoa humana, geram relações humanas que se baseiam sobre enganos, sobre favoritismos, sobre formas de domínio e de exploração. Os êxitos nefastos de tais relações atingem desde o vín-

---

[72] Cf. RATZINGER, La fraternità cristiana, p. 104-105.
[73] JCL 38.
[74] ALMEIDA, Igreja Católica na América tropical, p. 96.
[75] Id., Família em foco, p. 1.

culo conjugal até o mundo do trabalho, a distribuição de bens e, enfim, a paz entre os povos.[76]

Considerar a primazia do outro requer, primeiramente, o reconhecimento absoluto da sacralidade da vida humana como valor inegociável. Se o ser humano reconhece que o semelhante merece respeito, desde a concepção até a morte natural, então, não tem outro caminho a percorrer a não ser o da convivência pacífica, com a disponibilidade de fazer da vida uma experiência de partilha.

## 2.1 A inviolabilidade da vida humana

A tradição cristã considera o amor ao próximo e o amor a Deus como duas faces da mesma moeda (cf. Mt 22,37-39). O princípio e a meta da caridade é sempre Deus, por cuja causa o próximo deve ser amado. Na pessoa do outro, se contempla e se ama a própria imagem de Deus (cf. Gn 1,26-27). À luz da Encarnação de Jesus Cristo, é possível perceber a profunda unidade que subjaz entre a realidade divina e a humana, razão pela qual a união entre o amor ao próximo e amor a Deus se realiza no "mandamento novo" (cf. Jo 13,34).[77] Em virtude disso, o apóstolo João ressalta que:

---

[76] Cf. SPA 36; ALMEIDA, Família em foco, p. 1.

[77] Cf. BERNARD, Teologia spirituale, p. 384-385; ŠPIDLÍK, Manuale fondamentale di spiritualità, p. 243-244.

> Se alguém disser: "Amo a Deus", mas odeia o seu irmão, é um mentiroso: pois quem não ama seu irmão, a quem vê, a Deus, a quem não vê, não poderá amar. E este é o mandamento que dele recebemos: aquele que ama a Deus, ame também seu irmão (1Jo 4,20-21).

Tal compreensão do amor cristão exclui qualquer instrumentalização do semelhante e se opõe ao atual cenário social, onde se prioriza a dimensão econômica, onde a pessoa humana se subordina ao arbítrio do egoísmo e da ganância.[78] A perspectiva cristã é diferente. Com efeito,

> Jesus Cristo veio nos ensinar a dar a vida pelo nosso irmão. São os atos de doação fraterna, constantes e concretos, que irão pouco a pouco despertando a consciência de um povo para a superação do egoísmo e da cegueira do coração. Não basta que cada um valorize a própria vida. É preciso aprender a amar a vida de nosso próximo, a ponto de respeitá-la e promovê-la mesmo à custa de ingentes sacrifícios.[79]

O que justifica tal postura de extrema valorização do próximo é o reconhecimento da existência humana como dom de Deus (cf. Gn 1,26-27; Sl 100,3; 139,13), razão pela qual "nenhuma pessoa humana pode considerar-se dona da própria vida ou da vida de

---

[78] Cf. ODV 53; MARIN, Solidariedade com os encarcerados, p. 4.
[79] ODV 32.

outrem"[80] (cf. Gn 9,5-6). Em outras palavras, é inconciliável o amor ao próximo com o desrespeito aos direitos humanos, sendo o primeiro dentre eles o direito à vida (cf. Gl 5,13-15). Infelizmente, constata-se que

> num mundo onde a vida não vale mais porque ela é arbitrariamente eliminada, ceifada, e onde as pessoas começam a fazer justiça pelas próprias mãos, quase se apaga a consciência da gravidade de se eliminar uma vida quando ela é ainda tão pequenina que se faz imperceptível aos nossos olhos.[81]

A verdadeira caridade cristã, aquela que se rebaixa para lavar os pés do outro (cf. Jo 13,1-17) porque o considera digno de importância, até o ponto de morrer por ele (cf. Jo 15,13), não atenta à vida do próximo (cf. Rm 13,8-10), pelo contrário, curva-se diante dele para servir à sua humanidade, a fim de que ela viva dignamente. Em suma, o amor cristão é um "sim" à vida e "dizer 'sim à vida' que Deus nos comunica, significa acolher com amor cada pessoa, desde o primeiro momento de sua concepção até todas as fases de sua existência"[82] (cf. Ex 20,13). À luz desta perspectiva bíblico-cristã, "é necessário assegurar a cada pes-

---

[80] ALMEIDA, O primeiro direito humano, p. 65.
[81] ODV 29.
[82] ALMEIDA, Páscoa é "sim à vida", p. 2.

soa humana o desenvolvimento pleno da vida que de Deus recebe"[83] (cf. Lv 25,35-37; Ef 6,9).

Como alcançar meta tão insigne num contexto como o nosso, em que o egoísmo asfixia a vida humana? Numa entrevista, Dom Luciano alerta:

> Há fatos na sociedade atual que passaram a ser aceitos, mesmo sendo fatores dramáticos de potenciamento da violência. Refiro-me a um desses fatos, hoje mais debatidos: o fato do aborto provocado. A sociedade introjetou, no seu imaginário coletivo, a aceitação de atos que levam ao aborto. Uma sociedade que estabelece a convivência com uma atitude de semelhante violência, que significa a eliminação da vida de um inocente indefeso, é uma sociedade que insiste numa atitude violenta e abre as portas para a aceitação tácita ou explícita de outros atos de violência. Não acredito na erradicação da violência sem uma mudança séria em favor da vida e, concretamente, numa ação coletiva, consciente, livre, em proteção do direito de nascer.[84]

Segundo nosso bispo, o aborto provocado e a pena de morte incentivam a cultura da violência e da morte, violam o projeto de amor do Criador e geram uma sociedade injusta.[85]

---

[83] Id., A Campanha da Fraternidade – 1984, p. 2.

[84] MARIN, Solidariedade com os encarcerados, p. 4

[85] Cf. ODV 24-32; UPP 35; ALMEIDA, O encontro em Itaici, p. 2; id., A padroeira do Brasil, p. 2; id., O primeiro direito humano, p. 65-66; MARIN, Solidariedade com os encarcerados, p. 4.

Jesus Cristo, ao valorizar os "sem voz e sem vez" (cf. Mt 18,2-6), ensina a voltar ao projeto de Deus, segundo o qual toda pessoa recebe dele uma dignidade inalienável (cf. Sl 8,6; Eclo 17,1-6). O outro é sempre importante porque seu valor transcendente supera os parâmetros socioeconômicos do "dar e receber". Assim, a primazia do outro tem como primeiro desfecho prático a inviolabilidade da vida humana (cf. Gn 4,9-15; Ex 20,13; Dt 5,17),[86] que nos instiga ao desafio do conviver uns com os outros, no mundo, conforme o projeto salvífico de Deus.

## 2.2 O desafio da convivência

Afirmar que a vida humana é um dom sagrado e, por isso inviolável, equivale a dizer, também, que a presença do outro não é um fardo a ser suportado, mas uma dádiva a ser acolhida (cf. Rm 12,4-8; 1Cor 12,18-21). Nunca, como hoje, tal verdade precisa ser frisada. De fato, o momento no qual vivemos, com comunicação sem fronteiras e com fáceis movimentos intercontinentais, revela-nos o rosto plural de nosso mundo, tanto do ponto de vista cultural quanto religioso. A pluralidade de vozes e de rostos, fruto da criatividade do Espírito que "sopra aonde quer" (Jo 3,8), apela para o respeito da alteridade que, longe de qualquer tolerância superficial, chegue à verdadeira

---

[86] Cf. ODV 54-55.

apreciação do outro e, por conseguinte, à convivência pacífica.[87] Estamos diante de um dos maiores desafios contemporâneos, que nos obriga a refletir:

> como seria possível viver com os outros se não pudéssemos acreditar neles? Na atual conjuntura da sociedade as nações mais poderosas criaram um clima de profunda desconfiança. É isto que está na raiz da corrida armamentista: uma paz obtida pela tensão, uma paz instável, porque baseada na desconfiança e no medo recíproco. A desconfiança penetrou até no âmago da vida conjugal, e da vida de negócios entre os homens. O medo nasce da desconfiança – porque não se pode acreditar no outro, acaba-se temendo o outro.[88]

A confiança implica o amor e o amor pressupõe a necessidade de sentir-se amado pelo outro. Como no pressuposto da interiorização, a questão é de ordem teológica. A descoberta de Deus revela um amor que precede a criatura e está na origem de sua existência (cf. Jr 31,3; Sl 139,13-16). Deus é uma presença constante, com a qual se instaura uma convivência permanente (cf. Gn 17,7; Dt 7,9; Sl 111,9; Sb 15,1-2). Ele nunca decepciona (cf. Sl 22,6; 25,3; Eclo 2,10; Rm 10,11). Plenifica o vazio da existência humana (1Jo 4,8.17-18).[89]

---

[87] Cf. SORRENTINO, Dizer Cristo em contexto de pluralismo religioso, p. 189.
[88] ODV 7.
[89] Cf. ibid., p. 14.

Nesse sentido, "ele é o grande mestre da convivência",[90] porque é o único que satisfaz plenamente a necessidade de amor do ser humano, através de seu amor primeiro (cf. Rm 5,8-10; 1Jo 4,10).

Jesus Cristo revela, "de um modo inequívoco",[91] a cada homem e mulher, esse amor do Pai (cf. Jo 3,16; 1Jo 4,9). Entrega sua vida por nós na Paixão e Morte de cruz (cf. Mt 26,1–27,56), porque "ninguém tem maior amor do que aquele que dá a vida por seus amigos" (Jo 15,13). À luz da certeza deste amor, manifestado na cruz de Cristo, Paulo afirma: "Já não sou eu que vivo, mas é Cristo que vive em mim. Minha vida presente na carne, eu a vivo pela fé no Filho de Deus, que me amou e se entregou a si mesmo por mim" (Gl 2,20). Sobre a certeza desse amor o apóstolo alicerça sua existência (cf. Fl 4,13).[92]

> O amor universal até o dom de si torna-se possível exatamente porque o homem se experimenta possuído em seu íntimo por Deus. É levado a perder-se no serviço aos irmãos, porque se sente misteriosamente amado e possuído por Deus. É o amor de Deus que ao mesmo tempo o plenifica e o impulsiona a repetir alegremente o gesto de gratuidade.[93]

---

[90] Ibid., p. 14.
[91] Ibid., p. 9.
[92] Cf. ibid., p. 8-9.
[93] JCL 23

Portanto, nas pegadas do apóstolo Paulo,

> nós somos chamados a fazer o mesmo itinerário: descobrir que somos amados, confiar naquele que nos ama, readquirir a segurança na vida, perceber o sentimento da existência, e, de novo, colocar-se na vontade de colaborar para um mundo de confiança recíproca e de fraternidade.[94]

A convivência, baseada na confiança recíproca, ou seja, na "fé no irmão",[95] na solidariedade e superação do medo do outro, é, claramente, de cunho cristológico. Pelo menos, por dois motivos. Em primeiro lugar, porque se alimenta da vida nova trazida pelo Filho de Deus (cf. Jo 10,10), que nos transmite o amor primeiro do Pai (cf. 1Jo 4,10). À medida que as pessoas se abrirem a essa vida nova, "que um dia será ressurreição por vontade do mesmo Cristo",[96] permitirão que ela seja desde já uma semente de irmandade (cf. Cl 3,1-4.12-17; Ef 4,17-32). Em segundo lugar, porque se deixa nortear pelo binômio programático da vida de Jesus Cristo: servir e dar a vida pelo irmão (cf. Mc 10,45).[97]

Quando a convivência é pautada desta forma, ela obriga as pessoas a saírem do isolamento. Infelizmente,

---

[94] ODV 9.
[95] Ibid., p. 12.
[96] Ibid., p. 12.
[97] Cf. ibid., p. 8-12.

o mundo de hoje peca por egoísmo, e, por isso, peca por solidão e, consequentemente, peca por raquitismo em todos os níveis da pessoa humana. Vida que se estiola, que fenece, que acaba cedo, porque não soube descobrir a fórmula da felicidade: conviver.[98]

Conviver é experimentar a felicidade que nasce do serviço gratuito (cf. Jo 13,17), que, por ser tal, não espera nenhuma recompensa (cf. Mt 10,8). Nosso bispo ressalta que "não se trata de felicidade plena – esta vem na parusia –, mas daquela felicidade que cresce como a semente do Reino e é feita não só de pequenos gestos, mas de grandes convicções e valores"[99] (cf. Mc 4,26-29).

A convivência, enfim, acontece quando se acredita na primazia do outro e se vive em função do bem dele. De fato, "quem convive não usufrui do outro, mas oferece seu próprio ser: tudo aquilo que possui para que seja e seja mais"[100] (cf. Zc 7,9; 8,16-17; Rm 15,1-2). Afinal, "Deus não me criou a mim, criou a nós, para sermos capazes de conviver, de nos amar, de nos ajudar".[101]

## 2.3 O milagre da partilha

A convivência humana, segundo o que compreendemos até agora, a partir de nosso autor, alicerçada

---

[98] Ibid., p. 13.
[99] Ibid., p. 10.
[100] Ibid., p. 13.
[101] ALMEIDA, Humanismo e civilização do amor, p. 23.

sobre o amor de Deus experimentado na própria vida e comunicado aos irmãos e irmãs (cf. Rm 5,5; 1Jo 4,11), finaliza-se na plena realização da outra pessoa. Agora, cabe-nos investigar qual é o caminho para alcançar esta meta.

Segundo Dom Luciano, não há verdadeira convivência sem real partilha "de todas as oportunidades que a vida nos traz de realização. Deixa de ser realização pessoal para ser oferta de realização para o outro, para o nosso irmão".[102]

O episódio evangélico da multiplicação dos pães, nesse sentido, é paradigmático (cf. Mc 6,31-44). Referimo-nos, sobretudo, ao desafio lançado por Jesus aos discípulos, dispostos a despedir a multidão faminta (cf. Mc 6,35-36). A provocação é esta: "Dai-lhes vós mesmos de comer" (Mc 6,37). Trata-se de uma ordem dada no contexto de integração dos Doze na missão libertadora do Mestre (cf. Mc 6,6b-13). Os exegetas definem a palavra de Jesus (cf. Mc 6,37) como um "modelo de ação",[103] teórico-prático, voltado à transformação da realidade. É de grande importância os dois verbos utilizados nesta frase pragmática de Jesus: "dar" e "comer". Eles são expressivos. No Novo Testamento, o verbo "dar" remete ao amor, que se concretiza na experiência de oferecimento de si mesmo (cf. Mc 10,45).

---

[102] Ibid., p. 14.

[103] AZEVEDO, "Dai-lhes vós mesmos de comer", p. 49. Grifo do autor.

O verbo "comer" possui um duplo sentido. Por um lado, refere-se ao ato biológico de sustentar a vida (cf. Mc 1,6; 2,16.26; 6,31). Por outro, expressa uma comunhão comprometedora (cf. Lc 14,15; 22,15). Finalmente, o ensinamento de Jesus pretende suscitar uma experiência de partilha libertadora, da qual ele mesmo é modelo. Com efeito, os discípulos são convidados a superar as situações de sofrimento e carência do povo, por meio da entrega generosa e total de si mesmos.[104]

Compreendemos, então, que

> a partilha inclui a oferta, o dom de si, a distribuição de bens e, mais do que isso, o possuir em comum. Partilhar não é dar um pedaço para cada um ter a alegria misteriosa, no íntimo da consciência, de ser bom. Partilhar é mais do que isso. É ficar dentro do pedaço que a gente dá para o outro. É, com o outro, usufruir em comum tudo o que é bom na vida, e aguentar juntos tudo o que é duro na vida.[105]

Nesta perspectiva, a experiência de partilha possui uma conotação fortemente eucarística (cf. Mc 6,41), porque recorda o gesto de Jesus Cristo que alimenta os discípulos com seu Corpo e Sangue (cf. Mc 14,22-24), ou seja, com toda a sua vida. Da contemplação desse gesto, jamais nascerá o que Dom Luciano chama de

---

[104] Cf. ibid., p. 50-56.
[105] ODV 14-15.

"espiritualidade individualista".[106] Com efeito, conforme o testemunho da primeira comunidade cristã, não há separação entre a Eucaristia e a caridade fraterna, a qual se devota, de modo prioritário, aos mais pobres (cf. At 2,42-45).[107]

## 3. A opção preferencial pelos pobres

O amor cristão, oblativo e gratuito (cf. Jo 15,13; Lc 6,32-35; 14,13), assimilado pelo processo de interiorização e norteado pelo princípio de primazia do outro, tem como destinatários prioritários: os pobres. Concretamente, a opção preferencial pelos pobres, sem perder o caráter universal do amor ensinado por Cristo (cf. Mt 5,43-48), determina que os mais desfavorecidos sejam os primeiros a serem amados e servidos (cf. Tg 2,1-5). Esta opção não é exclusiva e, sim, inclusiva, porque garante a abertura universal do amor cristão. De fato, "se eu me identifico com aqueles que mais precisam de mim, significa que, se fosse necessário, eu me identificaria também com os outros".[108]

Trata-se de uma opção que brota da fé bíblica no Deus libertador dos oprimidos (cf. Ex 6,6; Jz 6,8-9; 1Sm 10,18; Sl 18,2-3; Is 33,22). A libertação do povo de Israel

---

[106] ENJ 89.

[107] Cf. ALMEIDA, Eucaristia e transformação, p. 379-380; AZEVEDO, "Dai-lhes vós mesmos de comer", p. 55.

[108] UPP 80. Tradução nossa.

da escravidão do Egito (cf. Ex 3,7-10) é evento paradigmático para toda a Sagrada Escritura, no que diz respeito à concepção de Deus como libertador. Neste evento aparece claro que Deus toma o partido dos humilhados, pelos quais, sempre, promoverá a justiça (cf. Lv 25; Dt 10,18). Com efeito, a imagem de Deus defensor dos pobres retorna tanto na tradição profética (cf. Am 9,10-15; Mq 1–3; 6,1-7; Is 1,17; Sf 3,11; Jr 22,13-19) quanto na tradição sapiencial (cf. Pr 14,21; 17,5; 21,13; 22,9; 28,27; Sl 18,27; 40,17-18; 72,13; 82,3; 109,31; 138,6).[109] Enfim, é enfatizada na vinda do Reino de Deus, anunciada por Jesus Cristo (cf. Lc 4,18; 7,22; Mt 11,5).

A opção preferencial pelos pobres, grávida de ampla fundamentação bíblica, é manifestação de uma espiritualidade profundamente encarnada no contexto latino-americano, onde, além de ser consequência ética que nasce do Evangelho, assume o valor do "grito de reparação histórica para com os oprimidos".[110] Sabemos que "a ascensão do pobre é a reparação histórica. No momento em que o pobre for gente de novo, com sua dignidade respeitada, nosso continente terá encontrado a alegria da fraternidade".[111]

Infelizmente, ainda hoje, o homem e a mulher da América Latina sofrem por causa de uma enorme

---

[109] Cf. CARAVIAS, A experiência de Deus nos profetas, p. 17-30; GABRIEL, Deus e os pobres, p. 26-43.

[110] ALMEIDA, Igreja Católica na América Tropical, p. 92.

[111] Ibid., p. 93.

injustiça social. Tal injustiça, segundo Dom Luciano, provém, por um lado, da má distribuição da terra, em decorrência da qual o homem do campo migra de terra em terra; as grandes cidades não oferecem condições de vida digna; a sobrevivência das populações indígenas está em constante perigo.[112] Por outro, da corrida armamentista, a qual "tem roubado o pão, o leite, a vida a tantos seres humanos, numa espécie de idolatria a este novo ídolo, que é realmente a Força Armada para vencer pretensos atentadores à paz".[113] De modo geral, constatamos que

> vivemos em um mundo onde muitos homens não respeitam a dignidade da pessoa humana, nem em si próprios nem nos outros, onde a sociedade é um lugar cada vez mais amplo para todas as formas de promoções, menos para uma fraternidade sincera [...].[114]

Segundo o bispo jesuíta, a raiz última da ambiguidade, da realidade humana em geral, e daquela latino-americana, em particular, é "o pecado no coração do homem"[115] (cf. Mc 7,14-24). Quando o ser humano não reconhece a dignidade de cada pessoa imagem e semelhança de Deus (cf. Gn 1,26; Sb 2,23, Eclo 17,3; 1Cor 11,7),

---

[112] Cf. id., Opção pelos pobres, p. 14-15; id., A Campanha da Fraternidade – 1986, p. 2.

[113] Id., Opção pelos pobres, p. 16-17.

[114] ALMEIDA, Por que um Dia Mundial das Missões?, p. 2.

[115] Id., Opção pelos pobres, p. 17.

a transcendência de seus semelhantes produz estruturas opressoras e fatais (cf. Gn 4,8-10; Sb 2,10-11).[116]

A opção preferencial pelos pobres surge da tomada de consciência deste pecado presente no coração humano e da vontade de superá-lo. Com efeito, quanto mais se progride na experiência de Deus e no amor pelo seu Reino tanto mais se cresce na percepção do que não é Deus, isto é, do antirreino, que chamamos de pecado. Assim, cresce também a determinação de lutar contra todo tipo de mal.[117]

Finalmente, o desdobramento da evangélica opção preferencial pelos pobres é tríplice: põe em primeiro lugar a dignidade humana, pretende construir uma fraternidade universal e, ao lado dos oprimidos, opta pela libertação.

## 3.1 Opção pela dignidade humana

Ao nos perguntarmos pelo sentido de optar pelos mais desfavorecidos da sociedade, encontramos em Dom Luciano o eco de uma resposta que ressalta a dignidade humana:

> O pobre não tem atrativo, não tem outras características, senão a própria dignidade, e optar pelos pobres é optar pela dignidade da pessoa humana; não pela sua fortuna, nem pelos seus bens, nem pela sua influên-

---

[116] Cf. ibid., p. 17.

[117] Cf. GALILEA, As raízes da espiritualidade latino-americana, p. 49-52.

cia, mas por aquilo que ele é. E assim optar pelos pobres, no fundo, é encontrar a grandeza da pessoa humana, embora esquecida e, às vezes, desfigurada.[118]

Tal grandeza, conforme ensina o Vaticano II, "consiste na vocação do homem para a comunhão com Deus. Já desde sua origem o homem é convidado para o diálogo com Deus. Pois o homem, se existe, é somente porque Deus o criou e isto por amor"[119] (cf. Gn 3,8-13). Segundo o bispo jesuíta, o primeiro serviço que pode e deve ser oferecido aos pobres é a revelação do valor da própria dignidade, a saber, de serem criaturas criadas e amadas por Deus (cf. Gn 1,31; Sb 17,1-10).[120]

É uma lição que aprendemos de Jesus Cristo. Como já escrevemos no segundo capítulo, o Filho de Deus, ao solidarizar-se com os marginalizados da sociedade, revela a preciosidade da dignidade de todo ser humano (cf. Mc 1,40-45; 8,22-26; Lc 19,1-10; Jo 8,5-11).

O reconhecimento desta dignidade remete ao projeto de Deus, sintetizado nas palavras de Jesus Cristo: "Eu vim para que tenham a vida e a tenham em abundância" (Jo 10,10). Portanto, exige-se que, por coerência, sejam oferecidas as condições para que toda pessoa humana possa se desenvolver de modo pleno,

---

[118] ALMEIDA, Opção pelos pobres, p. 20.

[119] GS 19.

[120] Cf. ALMEIDA, A dignidade dos empobrecidos, p. 2; id., A serviço da vida e da esperança, p. 19.

pois, "enquanto a dignidade da pessoa humana estiver submetida ao egoísmo e ao lucro fácil, será impossível construir uma nova ordem social".[121] O empenho do cristão com a promoção integral do ser humano é, sim, uma resposta à vontade de Deus e ao seu projeto salvífico, mas com algo peculiar.

> Por sermos cristãos, acrescentamos uma explicitação ainda mais profunda: a resposta ao projeto criativo de Deus é também adesão à ação de Cristo na história, porque ele assumiu uma posição firme diante da promoção humana: dignificar a pessoa, a ela conferindo a filiação divina.[122]

Inferimos que

> diante da extrema pobreza é preciso reafirmar que esta situação não corresponde ao desígnio de Deus. É evidente que Deus não quer crianças marcadas pela fome com deficiências mentais e corporais irreparáveis. Deus não quer que sofram no abandono e exploração pelas ruas da cidade.[123]

Estes são, apenas, alguns exemplos, para ressaltar que a autêntica opção pela dignidade humana requer mudança das estruturas injustas que oprimem

---

[121] ODV 53.
[122] ALMEIDA, A Igreja e a 2ª Semana Social Brasileira, p. 352.
[123] Id., A dignidade dos empobrecidos, p. 2.

os pobres.[124] Os últimos da sociedade, por sua vez, mais do que meros destinatários de serviços sociais, são chamados a serem integrantes de sua promoção, de forma consciente e atuante, numa perspectiva de gratuidade e perdão, para não repetirem a mesma violência cometida pelos seus opressores.[125] Para isso, é necessário o reconhecimento dos valores que os empobrecidos carregam em suas vidas. Constatamos que "o pobre não está isento da experiência de pecado, mas a densidade de valores do Evangelho é mais intensa no coração do empobrecido".[126] Com efeito, só é possível a construção de uma nova sociedade, verdadeiramente justa e fraterna, a partir da universalização dos valores evangélicos, que os humildes da terra já experimentam. Um olhar atento e próximo da vida dos sofredores, como o de Dom Luciano, capta, facilmente, qualidades exemplares, presentes neles. A saber: a confiança em Deus, a hospitalidade, o conhecimento recíproco, a partilha, o socorro a quem mais necessita, o espírito de sacrifício para com as pessoas deficientes e enfermas.[127]

---

[124] Salientamos que, para Dom Luciano, a transformação social para oferecer melhores condições de vida é consequência da transformação do coração humano, isto é, da conversão na ordem do mandamento do amor, conforme Jo 15,12 (cf. TORRES, Dom Luciano, O bispo al servicio del pueblo, p. 8).

[125] Cf. ALMEIDA, A dignidade dos empobrecidos, p. 2; ODV 65.

[126] ALMEIDA, Opção pelos pobres, p. 24.

[127] Cf. ibid., p. 24; id., A dignidade dos empobrecidos, p. 2. É oportuno ressaltar que estas colocações de Dom Luciano não nascem de

Encontramos a confirmação disso nos Evangelhos. Jesus aponta os pobres e sofredores como "bem-aventurados", por vivenciarem, mais do que outra categoria de pessoas, a fé em Deus e a solidariedade fraterna (cf. Lc 6,20-22).[128] E, mais, alegra-se com o Pai, por ver os pequeninos abertos à lição do Reino (cf. Mt 11,25). No pensar de Dom Luciano,

> temos que experimentar nesse olhar de Jesus a felicidade que possuímos ao entrar na perspectiva do pobre, graças à solidariedade da vida, de uma vida mais sóbria, mais austera, mais partilhada. [...]. Entendamos qual é a mística dessa opção preferencial pelos pobres, se não é a de devolver a essa geração cansada e tantas vezes desiludida, a alegria de viver.[129]

Em suma, é necessário partir dos pobres, por dois motivos. Primeiro, por um ato de justiça, ou seja, para lhes devolver o valor de sua dignidade deturpada. Em segundo lugar, para aprendermos deles, que encarnam os valores evangélicos, o caminho para chegar à edificação de uma fraternidade transformadora das estruturas injustas.

---

um estudo teórico sobre a vida dos pobres, mas de um contato direto e constante com os empobrecidos, sobre o qual já escrevemos no primeiro capítulo, sobretudo, no item 1.2 e 1.3.

[128] Cf. ibid., p. 2; UPP 60-61.

[129] ALMEIDA, Opção pelos pobres, p. 25.

## 3.2 Opção pela fraternidade universal

No século passado, o Papa Paulo VI julgou a falta de espírito fraterno, entre as pessoas e entre os povos, como o mal mais nocivo presente no mundo contemporâneo.[130] Infelizmente, é uma denúncia ainda atual, que remete à responsabilidade dos cristãos para a construção de uma fraternidade sem barreiras (cf. Lc 6,27-36). Até quando houver alguém com a dignidade desfigurada, por causa de miséria ou marginalização, significa que ainda estamos longe da perspectiva de fraternidade do Reino de Deus, anunciado por Jesus (cf. Mt 25,31-46; Tg 2,14-17).

A fraternidade, na concepção cristã, fundamenta-se na paternidade de Deus, revelada por Jesus Cristo (cf. Jo 5,36-43; 8,18; 12,49-50; 14,7-9; 17). Incorporados no único Filho, pelo Espírito, somos todos filhos de Deus e irmãos entre nós (cf. Rm 6,3-4; Gl 3,26-29; Ef 12,13).

> São Paulo, na Carta aos Efésios [2,19-22], apresenta Cristo como aquele que destrói o muro da inimizade e que de dois povos faz um só. É uma bela imagem que faz pensar no templo de Jerusalém, onde os pátios separavam gentios e judeus, mulheres e homens, e sacerdotes. Muros e compartimentos dividiam os filhos do mesmo pai. Jesus veio reconciliar a todos com Deus em um só corpo. Por meio de seu amor na cruz, matou a inimizade e anunciou a paz. Não há mais estrangeiros. Somos concidadãos, membros da família de Deus.[131]

---

[130] Cf. PP 66.

[131] ALMEIDA, É tempo de união, p. 2.

Essa experiência de comunhão fraterna, para o cristão, começa na comunidade cristã (cf. At 2,42; 4,32; 5,12; 1Cor 12,12-30), mas não se enclausura nela. Com efeito, ultrapassa os confins eclesiais, para chegar a reconhecer, em toda pessoa necessitada, o irmão que revela a presença do Senhor Jesus (cf. Mt 25,31-46).

Sabemos que o destino da humanidade é a formação de uma única família em Cristo, pelo Espírito (cf. Gl 3,28), e a Igreja representa o estado embrionário desta comunhão (cf. Rm 12,4-5). Numa homilia, pronunciada em 1991, Dom Luciano explica o valor paradigmático da comunhão fraterna dentro da Igreja, dizendo que a

> comunhão fraterna significa, portanto, a vontade de, animados pelo Espírito, realizarmos nesta vida o sonho de Cristo: "Pai, que todos sejam um". É para concretizar este ideal que somos chamados a viver em comunidade, unidos ao nosso Pastor visível na terra, o papa, sucessor do Apóstolo Pedro, unidos aos pastores que Deus escolheu para levar adiante o serviço das Igrejas, aos presbíteros, diáconos, religiosos, membros de institutos seculares, evangelizadores e agentes de pastoral. Essa união realiza visivelmente o mistério que a Igreja é chamada a demonstrar: homens e mulheres de todas as raças e condição social, irmanados em Jesus Cristo.[132]

---

[132] CM, v. 40, n. 456, p. 1969.

A evangelização, isto é, o anúncio de Jesus Cristo morto e ressuscitado, passa, impreterivelmente, pela experiência de comunhão fraterna. Tal fraternidade comporta muito mais que uma simples proximidade entre as pessoas. Empenha-se para que cada ser humano tenha consciência do valor da sua dignidade diante de Deus.[133] Na comunidade cristã, a revelação de Jesus Cristo a respeito de Deus, que é "Pai nosso" (cf. Mt 6,9), longe de suscitar um ingênuo estado psicorreligioso, comporta consequências concretas para o convívio humano.

> Como podemos dizer a Deus que é nosso Pai, se não somos capazes de tratar-nos verdadeiramente como irmãos e irmãs, se não somos capazes de ver um menino ou uma menina na rua e entender que, se não têm onde dormir, têm direito que nos empenhemos a ir ao encontro de suas necessidades?[134]

A fé em Jesus Cristo repudia qualquer relacionamento entre os seres humanos que tenha como desfecho a injustiça (cf. Rm 12,17; Gl 6,9-10; 1Pd 2,12-17). Gera, ao invés, um compromisso real de solidariedade fraterna com aqueles que vivem às margens da sociedade, para os quais providencia condições dignas de vida, zera a separação entre ricos e pobres em vista de uma verdadeira fraternidade (cf. Hb 13,16; Tg 2,1-7;

---

[133] Cf. CM, v. 40, n. 456, p. 1967-1968.
[134] UPP 61-62. Tradução nossa.

Rm 15,26; Gl 2,10).[135] Para sermos anunciadores críveis de Deus Pai e vivermos realmente como irmãos, além de rezar para que outros tenham o pão necessário, devemos partilhar o nosso e não medir esforços para que todos possam obtê-lo dignamente.[136] Do ponto de vista cristão, a justiça busca mais do que a igualdade entre as pessoas.

> O cristão amplia o campo de seu compromisso à justiça, vai mais longe. Inclui as exigências do amor fraterno. O cristão, diante da miséria alheia, experimenta o dever de partilhar com o outro, até mesmo os bens necessários, para viver a verdade da caridade cristã. A justiça do cristão se alargou. Tornou-se um imperativo ético, o mandamento do amor.[137]

À medida que tal "imperativo" for atuado, para o bem dos grupos mais vulneráveis da humanidade, então, alcançará a dimensão universal que se propõe. De fato, "se a caridade se estende a todos e este é o preceito do Senhor, ela demonstra a sua amplidão, no momento em que ela começa dos últimos, dos mais necessitados",[138] dos que anseiam pela libertação.

---

[135] Cf. ALMEIDA, A Igreja e o Brasil de amanhã, p. 2; id., Páscoa, esperança, p. 2.
[136] Cf. UPP 88.
[137] ALMEIDA, A Igreja e a 2ª Semana Social Brasileira, p. 352.
[138] CM, v. 40, n. 456, p. 1968.

## 3.3 Opção pela libertação do ser humano oprimido

A opção preferencial pelos pobres finaliza-se na libertação do ser humano oprimido. Assume, por meio de uma práxis encarnada, a mesma pauta missionária de Jesus Cristo:

> O Espírito do Senhor está sobre mim, porque ele me consagrou pela unção para evangelizar os pobres; enviou-me para proclamar a libertação aos presos e aos cegos a recuperação da vista, para restituir a liberdade aos oprimidos e para proclamar um ano de graça do Senhor (Lc 4,18-19).

Quais são as características desta práxis libertadora? A primeira peculiaridade é "uma docilidade à realidade",[139] à luz da experiência de Jesus Cristo, que se despoja da regalia divina para fazer-se servo (cf. Fl 2,7). O Filho de Deus assume, em tudo, a condição humana e "nos ensina a acreditar na novidade da experiência".[140]

A segunda característica é a percepção da responsabilidade que se tem para com a realidade contemplada. A comunidade cristã não fica, apenas, "vendo de longe",[141] mas avalia o compromisso pessoal com os fatos contemplados, como uma mãe diante do desen-

---

[139] PIEL 1.
[140] Ibid., p. 1.
[141] Ibid., p. 1.

caminho do filho questiona a si mesma.[142] Trata-se de postura catártica, cujo benefício é grande. Com efeito,

> a Igreja, assumindo essa disposição de olhar a realidade, comprometendo-se com ela, vai constantemente se purificando, pelo menos, questionando-se. Com esse questionar-se, ela se dispõe a ser sempre mais corresponsável com a transformação do mundo e a modificar sua própria atuação para corresponder à sua missão salvadora.[143]

O terceiro aspecto é a inserção na realidade, no nível do "consentimento", "isto é, do 'sentir com' as pessoas"[144] ou, para usar uma expressão evangélica, da compaixão. O cristão solidariza-se com o ser humano sofredor no plano existencial, à imitação de Cristo (cf. Mt 9,36; 14,14; 15,32; 20,34; Mc 1,41; Lc 7,13). Nesse sentido, por parte de quem opta pelos pobres, "há um desejo de experimentar a situação de carência, de empobrecimento existencial em companhia dos outros que ainda não têm".[145] Numa palestra proferida durante as *Jornadas Humanísticas* (São Paulo, 2004), Dom Luciano afirma que:

> A primeira coisa para amar o outro, como Jesus ama, é ser parecido com o outro. Ninguém consegue man-

---

[142] Cf. ibid., p. 1.
[143] Ibid., p. 1-2.
[144] Ibid., p. 2.
[145] PIEL 2.

ter privilégios e querer amar o outro. Se você guardar seus privilégios, não vai entender o outro. Você pode fazer atos de grandeza, de bondade, mas entender a fome, por exemplo, você não entende sem senti-la. O Evangelho é muito mais do que uma esmola. É entrar na vida do outro, como a mãe que partilha o sofrimento e alegria da criança.[146]

Isto significa que, na perspectiva cristã, além de se tomar conhecimento detalhado das situações precárias vivenciadas pelo povo, é preciso dar um passo ulterior: a ousadia de assumi-las! Portanto, "a Igreja encarnada é uma Igreja que 'entra na carne', que assume a situação mais dolorosa da humanidade".[147] Esta solidariedade acontece à luz do exemplo de Jesus Cristo que "abaixou-se, tornando-se obediente até a morte, a morte sobre uma cruz" (Fl 2,8). A morte, porém, não é a última palavra sobre a existência de Jesus Cristo. Ele ressuscita! (cf. Mc 16,1-11).

> O Filho de Deus inocente assumiu a cruz para vencer o nosso pecado. Morreu por nós. Venceu a morte. A fé é exclamação feliz de que não caminhamos para a destruição, e sim para a felicidade de uma vida que não terminará nunca mais.[148]

---

[146] ALMEIDA, Humanismo e civilização do Amor, p. 23.
[147] PIEL 3.
[148] ALMEIDA, Anunciamos a Ressurreição, p. 2.

É justamente por isso que o Ressuscitado vai à busca de seus discípulos e discípulas para outorgar-lhes a missão de anunciarem a vida nova que vem da Ressurreição (cf. Mt 28,9-10.16-20; Mc 16,9-18; Lc 24,13-49; Jo 20,11-23; 21,4-22).

A beleza da mensagem da Páscoa consiste na alegria da libertação do pecado e da morte, graças ao triunfo de Cristo que se estende, sob a forma de promessa, a todos que vem salvar. Eis aí a razão do júbilo do anúncio pascal.[149]

Mas que implicação tem na vocação cristã dos dias atuais a realidade da ressurreição de Jesus? Segundo Dom Luciano, "quem anuncia a Ressurreição que Jesus nos traz, deve se empenhar para que se multipliquem os sinais da vida nova que Cristo, para nós, alcançou".[150] Estes sinais, grávidos da eficaz "fórmula teológica da libertação de Cristo",[151] isto é, o amor gratuito que induz a doar a vida (cf. Jo 15,120-13), são a resposta cristã à pessoa humana violentada na sua dignidade, por causas culturais, por razões políticas, por discriminações raciais e por injustiças econômicas.[152]

A vida nova, que provém da fé em Cristo e é transmitida pelo Batismo, pela graça de Deus, faz superar

---

[149] Id., Cristo vencedor da morte, p. 2.
[150] Id., Anunciamos a Ressurreição p. 2.
[151] Id., Teologia e libertação, p. 2.
[152] Cf. id., A morte não mata mais, p. 2; id., Vigília Pascal, p. 2.

qualquer distância e discriminação. Entre os seus frutos está a transformação da sociedade, para que se ponha em sintonia com o plano de Deus. Ela é incompatível, de fato, com tudo aquilo que, através da exploração, da violência, do desemprego e do desrespeito das culturas indígenas, entre outros fatores, agride a dignidade do ser humano e, desta forma, impossibilita o desenvolvimento do projeto salvífico de Deus.[153]

> A libertação o que é senão a recuperação desta dignidade, não só em nosso trabalho para que outros a recuperem, criando condições para que cada um possa redescobrir e recuperar sua dignidade. Libertar é iluminar a pessoa humana sobre sua dignidade, é levá-la a superar tudo o que é pecado e opressão. É conduzi-la a construir a justiça, é chegar àquela comunhão com o Pai e com os irmãos. Assim a opção pela dignidade da pessoa humana conduz necessariamente à opção preferencial por aqueles nos quais essa dignidade jaz como que abafada e semidestruída.[154]

Na práxis cristã, portanto, a opção preferencial pelos pobres decorre da fé em Jesus Cristo e possibilita o acontecer do reinado de Deus, devolvendo a todo homem e a toda mulher, marginalizados, a possibilidade de viver conforme sua verdadeira dignidade de filho e filha de Deus. Afinal, "amar o próximo como

---

[153] Cf. id., Os sinos da Páscoa, p. 2; id., Páscoa cristã, p. 2; id., Vida e esperança, p. 2. id., Presente de Páscoa, p. 2; id., A serviço da vida e da esperança, p. 103.

[154] Id., Opção pelos pobres, p. 20.

Jesus Cristo nos ensina é zelar pela salvação eterna de cada irmão e empenhar-se para que, já nesta vida, todos tenham condições de se desenvolverem com dignidade, como convém a filhos de Deus".[155]

## Conclusão

O eixo da mensagem cristã é o amor (cf. Jo 15,12). Contudo, o amor, em si, é uma realidade invisível. A inteligência o capta, o coração humano o sente, mas nossos olhos não o enxergam. Para ser visto, precisa sair do estado de invisibilidade e traduzir-se em serviço (cf. Jo 13,14-15). Quem serve, mostra o amor. Quem é servido, o vê.

Neste capítulo, à luz dos escritos de Dom Luciano, examinamos o tripé sobre o qual se apoia uma sólida espiritualidade do serviço: o caminho de interiorização, a primazia do outro, a evangélica opção preferencial pelos pobres.

Primeiramente, compreendemos que só quem não foge de si mesmo é capaz de abrir-se, inteiramente, ao amor ao próximo para servi-lo, até o ponto de dar a vida por ele. Tal perspectiva, como vimos, nasce do encontro pessoal com a pessoa de Jesus Cristo.

Em seguida, o serviço, ensinado por Jesus Cristo, não põe quem serve acima de quem é servido, mas

---

[155] Id., Dois direitos da criança, p. 2.

aos seus pés (cf. Jo 13,5). Em virtude disso, Dom Luciano nos ensina o dever de considerar o outro mais importante do que nós.

Finalmente, o serviço cristão, sem fazer distinções de pessoas, aliás, querendo chegar a todos, começa pelos mais distantes, os que a sociedade do egoísmo colocou às margens, isto é, os empobrecidos.

Dom Luciano, com suas profundas reflexões e, sobretudo, com seu testemunho de vida, nos diz, enfim, que a civilização do amor não é uma esperança ilusória. Ela principia, sem nunca se esgotar, na vivência da vocação cristã como serviço.

# Conclusão final

O estudo teológico da vida e da obra de Dom Luciano Mendes de Almeida nos fez descobrir que não existe discipulado cristão sem o amor que se traduz no serviço aos irmãos e às irmãs. É este, sinteticamente, o ponto de chegada de nossa pesquisa, mas não é a palavra final sobre o tema abordado, pois a vida e a obra de Dom Luciano exigem ulteriores aprofundamentos, por sua amplitude e variedade.

Cremos ter aberto um caminho para que a Teologia valorize o patrimônio incomensurável do testemunho deste bispo. Com efeito, se tarefa fundamental da Teologia é pensar a fé, e este pensar deve contribuir para melhorar a realidade em que vivemos, então, não pode prescindir de figuras significativas que ajudem as pessoas a encarnar a fé pensada. Nesse sentido, a contribuição de Dom Luciano à Teologia não é só benéfica, como, também, necessária.

Ao nos deparar com a riqueza do testemunho de Dom Luciano, tivemos a sensação de estar navegando num grande rio, cuja "correnteza" era a espiritualidade inaciana, que endereçou o bispo jesuíta, decididamente, para "em tudo amar e servir", seguindo as pegadas do Mestre Jesus, que veio para servir e não para ser servido (cf. Mt 20,28).

Em nossa "navegação", encontramos, também, "igarapés" interligados ao "rio" principal do testemunho. Trata-se dos inúmeros escritos de Dom Luciano. Constatamos que, como acontece no espetáculo fluvial da natureza, onde as águas do rio maior comunicam-se com as águas dos pequenos riachos, assim também existe comunicação entre as obras escritas pelo bispo jesuíta e seu testemunho de vida. Pois o que escrevia era a sistematização do quanto já vivia, como experiência pessoal de Deus, na qual a opção fundamental por Jesus Cristo, sempre, coincidiu com a opção preferencial pelos pobres.

Tal experiência, conforme aparece no primeiro capítulo, desenvolveu-se, primeiramente, na família, onde Dom Luciano nasceu e recebeu os primórdios da fé cristã. Em seguida, fortaleceu-se na Companhia de Jesus e, enfim, eclodiu nos anos do ministério episcopal: antes em São Paulo, depois em Mariana (MG) e, também, na coordenação geral da CNBB.

Individuamos dois eixos norteadores de sua vida e, por conseguinte, também de seus escritos: Jesus Cristo e a espiritualidade do serviço. O primeiro foi abordado no segundo capítulo, onde definimos que, para o bispo jesuíta, a vocação cristã como serviço exige, primeiramente, o seguimento de Jesus pobre, servidor dos pobres e servo sofredor (cf. Mt 16,21-25). Na vida cristã, de fato, Jesus Cristo é fundamento e paradigma da vivência serviçal. A verdadeira experiência de serviço ao próximo, na práxis cristã, origina-se da contemplação da quenose do Filho de Deus (cf. Fl 2,6-8). Segundo Dom Luciano, aprendemos de Jesus Cristo a servir aos irmãos e às irmãs sofredores, em plena comunhão com eles, sem buscar privilégios pessoais.

No terceiro capítulo, aprofundamos o segundo eixo: a espiritualidade do serviço. Descobrimos que, para o bispo jesuíta, servir não é um conceito teórico. É a práxis imprescindível do discipulado cristão, que brota do interior mais profundo da pessoa humana. Esta, ao experimentar o amor gratuito de Deus, manifestado em Jesus Cristo (cf. Rm 8,31-39), se reconcilia com sua história e se abre para o amor aos irmãos e às irmãs (cf. 1Jo 4,11). Além disso, o ser humano integrado reconhece que toda e qualquer pessoa é importante e digna de ser amada e servida. Sente-se impelido a direcionar este amor, de forma privilegiada, aos últimos da sociedade, para devolver-lhes a consciência de sua dignidade.

O percurso realizado até aqui evidenciou três ideias-chave. Não são conclusões exaustivas. Trata-se, apenas, de orientações embrionárias para o existir cristão, moldado segundo a mística do serviço, a partir da vida e obra de Dom Luciano.

A primeira ideia refere-se ao *existir do cristão para servir e não para ser servido*. Reporta-se ao que Jesus disse de si mesmo: "O Filho do Homem não veio para ser servido, mas para servir e dar a sua vida em resgate por muitos" (Mc 10,45). Diante dos discípulos, preocupados em ocupar lugares de honra (cf. Mc 10,35-41), declarou-se Messias servidor. Da mesma forma, neste mundo, onde a competição impõe-se à convivência entre as pessoas (cf. Mc 10,42), cada discípulo e discípula é chamado a trilhar, na contramão, o caminho de serviço do Mestre Jesus (cf. Mc 10,43). É questão de autenticidade! A vida cristã, para dizer-se realmente tal, exige coerência com o fulcro da mensagem de Jesus Cristo, isto é, o amor gratuito (cf. Jo 15,12). Supõe-se o despojamento das "vestimentas" de tudo quanto afasta e oprime, para se vestir o avental do serviço que aproxima e liberta (cf. Jo 13,4). Assim, acontece a autêntica evangelização, como anúncio e vivência do Reino de Deus que está próximo (cf. Mc 1,15). O serviço do cristão torna-se "sacramento" da proximidade do reinado de Deus para os homens e as mulheres de hoje, sobretudo, para quem vive às margens de nossa sociedade injusta. Não se trata de mero assistencialismo. E, sim, de penetrar, como Cristo e com ele, no âmago da história humana, para assumir toda a sua dureza (cf. 1Pd 4,12-19).

A segunda ideia norteadora é que *o cristão serve porque configurado a Jesus Cristo, pelo Espírito*. Todo ser humano batizado pode exclamar como Paulo: "Já não sou eu que vivo, mas é Cristo que vive em mim" (Gl 2,20a). A Teologia dos Sacramentos fala de incorporação em Cristo (cf. Rm 6,4; Cl 2,12-13). Tal incorporação é real, mas invisível. Sua exteriorização acontece quando o cristão, encarnando um conhecimento existencial da vida de Jesus Cristo, vive, pelo Espírito, a conformação ao Filho de Deus nos atos e nas palavras de cada dia. Como Jesus Cristo e por causa dele, coloca-se ao serviço dos pobres (cf. Mt 20,28; Jo 13,2-5.14) e em pé de igualdade com eles (cf. Mt 3,13-15.19-23; Lc 22,47-65; 23,20-26.33-35; Fl 2,6-8). Portanto, o serviço visibiliza a verdade do nosso Batismo e de nossa participação no tríplice múnus de Jesus Cristo: sacerdote, rei e profeta. Com efeito, em virtude do Batismo, a vida do ser humano torna-se oferta agradável a Deus, em Cristo, pelo Espírito,[156] e contribui para a instauração do Reino de Cristo no mundo[157] e para a vitória sobre toda injustiça, em comunhão com Jesus Cristo.[158] Não há forma mais concreta, eficaz e eloquente para que tudo isso se realize, senão a caridade que se traduz em serviço aos irmãos e às irmãs, entre os quais os pobres têm precedência, por vontade divina (cf. Mt 25,31-46).

A terceira ideia-chave que extraímos de nossa pesquisa é que *a vocação cristã como serviço exige con-*

---

[156] Cf. LG 34.
[157] Cf. LG 35.
[158] Cf. LG 36.

*versão ao outro*. "Onde está teu irmão?" (Gn 4,9). É a pergunta que perpassa toda a Sagrada Escritura e, ainda hoje, interpela o ser humano para conscientizá-lo a se responsabilizar pela vida do outro. Converter-se ao outro significa, antes de tudo, assumi-lo ou, para usar uma expressão cara a Dom Luciano, "interiorizá-lo". Significa, também, pôr sempre, em primeiro lugar, o bem alheio e não o interesse pessoal. De fato, segundo a perspectiva bíblico-cristã, o outro nunca é um estranho a ser evitado, mas, sim, sempre, um irmão a ser amado e servido. Jesus, com a parábola do Bom Samaritano (cf. Lc 10,29-37), explicou, de modo inequívoco, que a indiferença não combina com a vocação cristã. Não apenas explicou isso, mas com sua práxis o demonstrou, pois "passou fazendo o bem e curando a todos os que estavam dominados pelo diabo" (At 10,38b). Fundamentada na vida de Jesus Cristo, que de rico se fez pobre (cf. 2Cor 8,9), a conversão ao outro comporta a anulação de qualquer prerrogativa pessoal, a fim de que os demais "tenham vida e vida em abundância" (Jo 10,10). O cristão, então, vive em função da felicidade e da realização plena do outro. Por esta causa, como Jesus Cristo, está pronto a doar a sua vida, porque sabe que "ninguém tem maior amor do que aquele que dá a vida por seus amigos" (Jo 15,13).

As três ideias-chave vislumbram ulteriores aprofundamentos. Propomos, entre outras, três possíveis áreas teológicas: a Teologia Pastoral, a Teologia do Ministério Ordenado e a Teologia Cristã das Religiões.

A Teologia Pastoral, à luz do tema da vocação cristã como serviço, no pensamento de Dom Luciano, poderá aprimorar sua relação com o contexto social e as periferias existenciais da humanidade. Nosso autor oferece pistas de reflexão úteis para que, fugindo de toda e qualquer forma de assistencialismo nocivo ao crescimento das pessoas, a ação pastoral dos cristãos vivencie uma fé comprometida e libertadora. Comprometida, porque, segundo Dom Luciano, para servir quem sofre é necessário aproximar-se, existencialmente, e não teoricamente, do sofrimento alheio. Libertadora, porque o verdadeiro serviço cristão não cria dependência, mas conscientiza as pessoas acerca da dignidade recebida por Deus e, assim, as encaminha para a saída da situação de opressão na qual se encontram.

A Teologia do Ministério Ordenado encontrará em Dom Luciano um interlocutor privilegiado para tratar da dimensão do serviço na vida dos ministros ordenados. Sabemos que não é uma questão periférica, mas essencial para a autêntica compreensão do ministério eclesial, que vê em Jesus Cristo o seu protótipo. A nosso ver, não basta afirmar que o ministério ordenado está ao serviço do povo de Deus. É necessário pormenorizar em que consiste tal serviço e qual é a mística que o sustenta. Servir, de fato, para quem recebeu o Sacramento da Ordem, não é, apenas, desempenhar funções litúrgicas e burocráticas, no restrito âmbito paroquial. É algo mais radical! A espiritualidade do ministro ordenado passa pela conformação de mente e do coração com a pessoa de Jesus Cristo, Bom Pastor e Servo, pelo despojamento de si mesmo e pela atenção prioritária aos pobres. A realidade contemporânea, mais desafiadora que outrora, pede ministros ordenados que, conforme escrevia o bispo italiano Dom Tonino Bello, além dos "direitos de estola", se lembrem também dos "deveres de avental".[159] Nesse sentido, Dom Luciano contribui para uma leitura do ministério ordenado em chave serviçal.

Finalmente, o tema da vocação cristã como serviço poderá ser desenvolvido pela Teologia Cristã das Religiões. O contexto de pluralismo cultural e religioso, no qual vivemos, obriga-nos a um diálogo honesto e pacífico com o diferente. A grande questão é: como apresentar a singularidade da Revelação cristã sem diminuir o valor das religiões não cristãs? Talvez o tema do serviço cristão seja chave oportuna para abrir a porta do diálogo e isentá-lo de qualquer espírito de superioridade. Além disso, a temática da vocação cristã, como serviço, remete ao Jesus dos Evangelhos, sem se deter nas formulações dogmáticas. Dom Luciano, pelo seu testemunho de homem de paz e pelo seu pensamento fundamentado no Evangelho, contribuirá, notavelmente, no progresso do debate teológico dentro do diálogo inter-religioso.

---

[159] Cf. BELLO, Stola e grembiule, p. 30.

Estes foram os desdobramentos que vislumbramos. Outros, mesmo não contemplados, serão oportunos e necessários para compreender a vocação cristã como serviço, à luz do testemunho de Dom Luciano Mendes de Almeida. Oxalá alguém se anime a abraçar esta empreitada!

# Bibliografia

## Obras de referência

A BÍBLIA de Jerusalém. nova ed. rev. São Paulo: Paulus, 2003.

ANCILLI, Ermanno; PONTIFICIO Istituto di Spiritualità del Teresianum (Org.). *Dizionario enciclopedico di spiritualità*. Roma: Città Nuova, 1990.

BAUER, Johannes B. (Org.). *Dicionário bíblico-teológico*. Trad. Fredericus Antonius Stein. 2. ed. São Paulo: Loyola, 2004.

BENTO XVI, Papa. Carta encíclica *Spe Salvi* do Sumo Pontífice Bento XVI: aos bispos, presbíteros e diáconos, às pessoas consagradas e a todos os fiéis leigos, sobre a esperança cristã. 2. ed. São Paulo: Paulinas, 2007. (Sigla SS).

CASTRO, José García de (Org.). *Diccionario de espiritualidad ignaciana (G-Z)*. Santander: Sal Terrae, 2007. v. 2.

DE FIORES, Stefano; GOFFI, Tullo (Org.). *Nuovo dizionario di spiritualità*. Roma: Paoline, 1979.

FRANCISCO, Papa. Exortação apostólica *Evangelii Gaudium*: do Sumo Pontífice ao episcopado, ao clero, às pessoas consagradas e aos fiéis leigos, sobre o anúncio do Evangelho no mundo atual. São Paulo: Paulus, 2013. (Sigla EG).

INÁCIO, de Loyola, Santo. *Constituições da Companhia de Jesus*. Trad. Joaquim Mendes Abranches. Lisboa: Barbosa e Xavier, 1975. (Sigla Const.).

_____. *Exercícios Espirituais*. Trad. R. Paiva. 5. ed. São Paulo: Loyola, 2011. (Sigla EE).

KLOPPENBURG, Boaventura; VIER, Frederico (Org.). *Compêndio do Vaticano II*: constituições, decretos, declarações. 29. ed. Petrópolis: Vozes, 2000.

LATOURELLE, René; FISICHELLA, Rino (Org.). *Dizionario di teologia fondamentale*. Assisi: Cittadella, 1990.

PACOMIO, Luciano; MANCUSO, Vito. *Lexicon*: dizionario teologico enciclopedico. 2. ed. Casale Monferrato: Piemme, 1994.

PAULO VI, Papa. Exortação apostólica *Evangelii Nuntiandi*: ao episcopado, ao clero aos fiéis de toda a Igreja, sobre a evangelização no mundo contemporâneo. 5. ed. São Paulo: Paulinas, 1977. (Sigla EN).

_____. Carta encíclica *Populorum Progressio* de Sua Santidade o Papa Paulo VI: aos bispos, sacerdotes, religiosos, fiéis e a todos os homens de boa vontade, sobre o desenvolvimento dos povos. Roma: Tipografia Poliglota Vaticana, 1967. (Sigla PP).

PELLICCIA, Guerrino; ROCCA, Giancarlo (Org.). *Dizionario degli istituti di perfezione*. Roma: Paoline, 1979. v. 2.

RODRÍGUEZ, Angel Aparecido; CASAS Joan Canals. *Dicionário teológico da vida consagrada*. Trad. Honório Dalbosco e Lourenço Costa. São Paulo: Paulus, 1994.

ROSSANO, Pietro; RAVASI Gianfranco; GIRLANDA Antonio (Org.). *Nuovo dizionario di teologia biblica*. Cinisello Balsamo: San Paolo, 1988.

## Fontes primárias

ALMEIDA, Luciano Mendes de. "Ação de Natal". *Folha de São Paulo*, São Paulo, 20 dez. 1986. Primeiro Caderno. p. 2.

_____. A Campanha da Fraternidade – 1984. *Folha de São Paulo*, São Paulo, 14 abr. 1984. Primeiro Caderno. p. 2.

_____. A Campanha da Fraternidade – 1986. *Folha de São Paulo*, São Paulo, 01 fev. 1986. Primeiro Caderno. p. 2.

_____. A conquista do campo. *Folha de São Paulo*, São Paulo, 16 jun. 1984. Primeiro Caderno. p. 2.

_____. A dignidade dos empobrecidos. *Folha de São Paulo*, São Paulo, 12 set. 1987. Primeiro Caderno. p. 2.

_____. A família, a criança e o idoso. *Folha de São Paulo*, São Paulo, 28 mai. 1988. Primeiro Caderno. p. 2.

_____. A Igreja e a 2ª semana social brasileira. *Sedoc*, Petrópolis, v. 26, n. 241, p. 349-354, nov./dez. 1993.

_____. A Igreja e o Brasil de amanhã. *Folha de São Paulo*, São Paulo, 09 mar. 1985. Primeiro Caderno. p. 2.

_____. *A imperfeição intelectiva do espírito humano*: introdução à teoria tomista do conhecimento do outro. São Paulo: Saeta, 1977.

_____. Amore e sacrificio. *Nuovo Progetto*, Fossano, v. 22, n. 5, p. 40, maio 2000.

_____. A morte não mata mais. *Folha de São Paulo*, São Paulo, 30 mar. 1991. Primeiro Caderno. p. 2.

_____. Anunciamos a Ressurreição. *Folha de São Paulo*, São Paulo, 18 abr. 1987. Primeiro Caderno. p. 2.

_____. A padroeira do Brasil. *Folha de São Paulo*, São Paulo, 14 out. 1989. Primeiro Caderno. p. 2.

_____. A paixão dos índios Tikuna. *Folha de São Paulo*, São Paulo, 02 abr. 1988. Primeiro Caderno. p. 2.

_____. *A serviço da vida e da esperança*: mensagens às famílias cristãs. São Paulo: Paulinas, 1997.

_____. A serviço do menor infrator. *Folha de São Paulo*, São Paulo, 15 fev. 1986. Primeiro Caderno. p. 2.

_____. *Assunção de Nossa Senhora*. Mariana: Centro de Documentação Dom Luciano Mendes de Almeida – Arquidiocese de Mariana. Artigo publicado no jornal *Boletim Informativo Belém*, p. 2. Mimeografado.

_____. Bem-estar social do menor. *Folha de São Paulo*, São Paulo, 28 mar. 1987. Primeiro Caderno. p. 2.

_____. Cimi e mineração. *Folha de São Paulo*, São Paulo, 15 ago. 1987. Primeiro Caderno. p. 2.

_____. Compromisso com o índio. *Folha de São Paulo*, São Paulo, 23 abr. 1988. Primeiro Caderno. p. 2.

_____. Condomínio popular. *Folha de São Paulo*, São Paulo, 22 fev. 1986. Primeiro Caderno. p. 2.

_____. *Corpus Christi*. O Arquidiocesano, Mariana, 29 jun. 1990, v. 32, n. 1602, p. 1.

_____. Crianças brincando na praça. *Folha de São Paulo*, São Paulo, 22 nov. 1985. Primeiro Caderno. p. 2.

_____. Criminalidade juvenil e recuperação. *Folha de São Paulo*, São Paulo, 15 set. 1984. Primeiro Caderno. p. 2.

_____. Cristo vencedor da morte. *Folha de São Paulo*, São Paulo, 18 abr. 1992. Primeiro Caderno. p. 2.

_____. *Curso de interiorização*. Dom Luciano Mendes de Almeida: formação e magistério. Disponível em: <http/www.famariana.edu.br>. Acesso em: 26 dez. 2013. Curso, ago. 1971. (Sigla CDI).

_____. Da cristiani, lottando perchè ciò che è disumano scompaia. *Nuovo Progetto*, Fossano, v. 18, n. 5, p. 31, maio 1996.

_____. Dar a vida. *Folha de São Paulo*, São Paulo, 06 abr. 1996. Primeiro Caderno. p. 2.

_____. Desafios missionários hoje na vida religiosa. *Convergência*, Brasília, v. 28, n. 266, p. 459-471, out. 1993.

_____. Deus é amor. *Itaici*, São Paulo, v. 16, n. 63, p. 5-7, mar. 2006.

_____. Dia do Pai. *Folha de São Paulo*, São Paulo, 09 ago. 1986. Primeiro Caderno. p. 2.

_____. Dio non ci scarta. *Nuovo Progetto*, Fossano, v. 30, n. 7, p. 43, ago./set. 2008.

_____. Direito à verdade. *Folha de São Paulo*, São Paulo, 07 nov. 1987. Primeiro Caderno. p. 2.

_____. Direito dos índios. *Folha de São Paulo*, São Paulo, 22 ago. 1987. Primeiro caderno. p. 2.

_____. Direitos do menor. *Folha de São Paulo*, São Paulo, 04 jul. 1987. Primeiro Caderno. p. 2.

_____. Direitos Humanos. *Folha de São Paulo*, São Paulo, 07 dez. 1985. Primeiro Caderno. p. 2.

_____. Dois direitos da criança. *Folha de São Paulo*, São Paulo, 08 set. 1990. Primeiro Caderno. p. 2.

_____. *Educação, Sociedade e Participação*. Mariana: Centro de Documentação Dom Luciano Mendes de Almeida – Arquidiocese de Mariana. Parte de livro, p. 7-14. Mimeografado.

_____. Educadores novos. *Folha de São Paulo*, São Paulo, 05 out. 1985. Primeiro Caderno. p. 2.

_____. Em defesa dos povos indígenas. *Folha de São Paulo*, São Paulo, 12 jan. 1985. Primeiro Caderno. p. 2.

_____. Em favor dos enfermos. *Folha de São Paulo*, São Paulo, 17 nov. 1984. Primeiro Caderno, p. 2.

_____. Esperança para os povos indígenas. *O Arquidiocesano*, Mariana, 14 jul. 1991, v. 33, n. 1657, p. 1.

_____. Esperar e ter esperança. *Folha de São Paulo*, São Paulo, 28 abr. 1984. Primeiro Caderno. p. 2.

_____. Esperienza di gratuità. *Nuovo Progetto*, Fossano, v. 29, n. 2, p. 39, fev. 2007.

_____. É tempo de união. *Folha de São Paulo*, São Paulo, 18 nov. 1989. Primeiro Caderno. p. 2.

_____. Exame. *Folha de São Paulo*, São Paulo, 05 jul. 1986. Primeiro Caderno. p. 2.

_____. *Experiência de caridade fraterna*. Dom Luciano Mendes de Almeida: formação e magistério. Disponível em: <htpp/www.famariana.edu.br>. Acesso em: 26 dez. 2013. Curso, mar. 1972.

_____. Eucaristia e transformação da sociedade. *Perspectiva Teológica*, Belo Horizonte, v. 38, n. 106, p. 375-384, set./dez. 2006. Notas e Comentários.

_____. *Eucaristia, mistério de comunhão*. Dom Luciano Mendes de Almeida: formação e magistério. Disponível em: <http/www.famariana.edu.br>. Acesso em: 26 dez. 2013. Palestra, [s.d.].

_____. Eucaristia sacrificio d'amore. *Nuovo Progetto*, Fossano, v. 32, n. 6, p. 45, jun./jul. 2010.

_____. Família: aprendizado do amor. *Missão Jovem*, Florianópolis, ago. 2005, v. 19, n. 203, p. 6.

_____. Família em foco. *O Arquidiocesano*, Mariana, 26 maio 1991, v. 32, n. 1650, p. 1.

_____. Flores de vida. *Folha de São Paulo*, São Paulo, 07 jun. 1986. Primeiro Caderno. p. 2.

_____. Gesù e i soldati romani. *Nuovo Progetto*, Fossano, v. 30, n. 9, p. 43, nov. 2008.

_____. Homenagem de Dom Luciano a seus pais. In: DOM LUCIANO *luz, ternura e serviço*: jubileu de prata episcopal: 1976-2001. Mariana: Dom Viçoso, 2001. p. 17-19.

_____. Humanismo e civilização do amor: reflexões de Dom Luciano Mendes de Almeida, sj, sobre o humanismo e a civilização do amor, em palestra proferida durante as Jornadas Humanísticas. *Mundo e Missão*, São Paulo, v. 13, n. 107, p. 21-24, nov. 2006. Especial.

_____. Ianomâmi. *Folha de São Paulo*, São Paulo, 13 jan. 1990. Primeiro Caderno. p. 2.

_____. *Igreja Católica na América tropical*. Mariana: Centro de documentação Dom Luciano Mendes de Almeida – Arquidiocese de Mariana. Palestra [s.d.], p. 86-125. Mimeografado.

_____. Il regalo di Natale. *Progetto*, Leumann, v. 11, n. 10, p. 21, dez. 1989.

_____. Il Regno di Dio. *Nuovo Progetto*, Fossano, v. 31, n. 5, p. 43, maio 2009.

_____. *Jesus Cristo*: luz da vida consagrada. 2. ed. São Paulo: Loyola, 1997. (Sigla JCL).

_____. Juninho, Jesuíno e Joílson. *Folha de São Paulo*, São Paulo, 24 nov. 1984. Primeiro Caderno. p. 2.

_____. La civiltà dell'amore. *Nuovo Progetto*, Fossano, v. 32, n. 8, p. 45, out. 2010.

_____. La preghiera. *Nuovo Progetto*, Fossano, v. 33, n. 7, p. 45, ago./set. 2011.

_____. La realtà più preziosa. *Progetto*, Leumann, v. 12, n. 6, p. 19, jun./jul. 1990.

_____. Lições da Semana Santa. *Folha de São Paulo*, São Paulo, 29 mar. 1986. Primeiro Caderno. p. 2.

_____. Menores de rua. *Folha de São Paulo*, São Paulo, 26 maio 1984. Primeiro Caderno. p. 2.

_____. Missão do Líbano. *Folha de São Paulo*, São Paulo, 23 jan. 1988. Primeiro Caderno. p. 2.

_____. Nel vivo della storia. *Progetto*, Leumann, v. 11, n. 7, p. 6, ago./set. 1989.

_____. *Nossa missão política*: reflexões e orientações para o presbitério da Arquidiocese de Mariana. Mariana: Dom Viçoso, 2004.

_____. Nova ordem social. *Folha de São Paulo*, São Paulo, 12 maio 1984. Primeiro Caderno. p. 2.

_____. O amor ainda vive. *Folha de São Paulo*, São Paulo, 17 ago. 1985. Primeiro Caderno. p. 2.

_____. O direito à vida. *Folha de São Paulo*, São Paulo, 30 maio 1987. Primeiro Caderno. p. 2.

_____. *O direito de viver*. 2. ed. São Paulo: Paulinas, 1987. (Sigla ODV).

_____. O encontro ecumênico do menor. *Folha de São Paulo*, São Paulo, 04 out. 1986. Primeiro Caderno. p. 2.

_____. O encontro em Itaici. *Folha de São Paulo*, São Paulo, 15 abr. 1989. Primeiro Caderno. p. 2.

_____. O lava-pés. *Folha de São Paulo*, São Paulo, 10 abr. 2004. Primeiro Caderno. p. 2.

_____. Onde moras? *Sedoc*, Petrópolis, v. 25, n. 237, p. 640, mar./abr. 1993.

_____. Opção pelos pobres: educação e nova sociedade. In: ARNS, Paulo E. et alii. *Opção pelos pobres: educação e nova sociedade*: XI Congresso nacional da AEC. São Paulo: Loyola, 1983. v. I, p. 13-34.

_____. O poder da Igreja. *O Arquidiocesano*, Mariana, 02 out. 1988, v. 30, n. 1515, p. 1.

_____. O primeiro direito humano. *Cadernos de Bioética*, Belo Horizonte, v. 2, n. 2, p. 65-66, dez. 1993.

_____. O rosto da criança pobre. *Folha de São Paulo*, São Paulo, 30 jun. 1984. Primeiro Caderno. p. 2.

_____. Os Ianomâmi: apelo urgente. *Folha de São Paulo*, São Paulo, 18 ago. 1990. Primeiro Caderno. p. 2.

_____. Os sinos da Páscoa. *Folha de São Paulo*, São Paulo, 10 abr. 1993. Primeiro Caderno. p. 2.

_____. O trigo e a ganância da terra. *Folha de São Paulo*, São Paulo, 03 ago. 1985. Primeiro Caderno. p. 2.

_____. Padre Josimo Moraes Tavares. *Folha de São Paulo*, São Paulo, 17 maio 1986. Primeiro Caderno. p. 2.

_____. Palavra de gratidão. *Folha de São Paulo*, São Paulo, 9 abr. 1988. Primeiro Caderno. p. 2.

_____. Palavra do novo arcebispo. In: CONFERÊNCIA NACIONAL DOS BISPOS DO BRASIL. *Comunicado Mensal*. Brasília: Edições CNBB, v. 37, n. 421, p. 810-814, maio 1988.

_____. Palavras de agradecimento de Dom Luciano. In: PAUL, Cláudio (Org.). *Doctor amoris causa*: homenagem a Dom Luciano Mendes de Almeida. São Paulo: Loyola, 2007. p. 43-58.

_____. *Para uma Igreja encarnada e libertadora*. Mariana: Centro de Documentação Dom Luciano Mendes de Almeida – Arquidiocese de Mariana. Palestra para a Semana de Estudos Teológicos sobre Encarnação e Libertação, São Paulo, 14 a 19 de outubro de 1985, p. 1-6. Mimeografado. (Sigla PIEL).

_____. Páscoa cristã. *Folha de São Paulo*, São Paulo, 15 abr. 1995. Primeiro Caderno. p. 2.

_____. Páscoa é "sim à vida". *Folha de São Paulo*, São Paulo, 14 abr. 2001. Primeiro Caderno. p. 2.

_____. Páscoa, esperança. *Folha de São Paulo*, São Paulo, 02 abr. 1994. Primeiro Caderno. p. 2.

_____. Por que morrer tão cedo? *Folha de São Paulo*, São Paulo, 07 jun. 1986. Primeiro Caderno. p. 2.

_____. *Por que um dia mundial das missões?* 21 de outubro. Mariana: Centro de Documentação Dom Luciano Mendes de Almeida – Arquidiocese de Mariana. Artigo publicado no jornal *Boletim Informativo Belém*, p. 2. Mimeografado.

_____. Povo, Constituinte e nações indígenas. *Folha de São Paulo*, São Paulo, 20 jun. 1987. Primeiro Caderno. p. 2.

_____. Presente de Natal. *Folha de São Paulo*, São Paulo, 15 dez. 1984. Primeiro Caderno. p. 2.

_____. Presente de Páscoa. *Folha de São Paulo*, São Paulo, 14 abr. 1990. Primeiro Caderno. p. 2.

_____. Promover a reforma agrária. *Folha de São Paulo*, São Paulo, 07 jun. 1986. Primeiro Caderno. p. 2.

_____. Promover o homem do campo. *Folha de São Paulo*, São Paulo, 15 jun. 1985. Primeiro Caderno. p. 2.

_____. Quinta festa do Belém. *Folha de São Paulo*, São Paulo, 26 out. 1985. Primeiro Caderno. p. 2.

_____. Reforma agrária. *Folha de São Paulo*, São Paulo, 07 maio 1988. Primeiro Caderno. p. 2.

_____. Rezar pelo Líbano. *Folha de São Paulo*, São Paulo, 30 set. 1989. Primeiro Caderno. p. 2.

_____. São os menores que alegram nossa vida. *Folha de São Paulo*, São Paulo, 26 maio 1984. Primeiro Caderno. p. 2.

_____. Semana Santa ao vivo. *Folha de São Paulo*, São Paulo, 30 mar. 1985. Primeiro Caderno. p. 2.

_____. Servir à nação. *Folha de São Paulo*, São Paulo, 28 nov. 1987. Primeiro Caderno. p. 2.

_____. *Servir por amor*: trinta dias de Exercícios Espirituais. São Paulo: Loyola, 2001. (Sigla SPA).

_____. Servitori del Regno. *Nuovo Progetto*, Fossano, v. 31, n. 7, p. 43, ago./set. 2009.

_____. *Spiritualità della presenza*. Torino: Archivio Sermig – Arsenale della Pace, 2012. Apostila mimeografada, p. 149.

_____. Tempo e terra. *Folha de São Paulo*, São Paulo, 03 maio 1986. Primeiro Caderno. p. 2.

_____. Teologia e libertação. *Folha de São Paulo*, São Paulo, 08 set. 1984. Primeiro Caderno. p. 2.

_____. *Teologia espiritual: experiência religiosa cristã*. Dom Luciano Mendes de Almeida: formação e magistério. Disponível em: <http//www.famariana.edu.br>. Acesso em: 26 dez. 2013. Curso de cultura religiosa, ago. 1970.

_____. Terra de irmãos. *Folha de São Paulo*, São Paulo, 30 nov. 1985. Primeiro Caderno. p. 2.

_____. Terra e vida dos povos indígenas. *Folha de São Paulo*, São Paulo, 21 set. 1985. Primeiro Caderno. p. 2.

_____. Última semana. *Folha de São Paulo*, São Paulo, 26 dez. 1987. Primeiro Caderno. p. 2.

_____. Un Natale di giustizia e speranza. *Nuovo Progetto*, Fossano, v. 31, n. 10, p. 43, dez. 2009.

_____. Vigília pascal. *Folha de São Paulo*, São Paulo, 11 abr. 1992. Primeiro Caderno. p. 2.

_____. Vida e esperança. *Folha de São Paulo*, São Paulo, 03 abr. 1999. Primeiro Caderno. p. 2.

_____. *Vivência eucarística e ministério sacerdotal*. Dom Luciano Mendes de Almeida: formação e magistério. Disponível em: <htpp/www.famariana.edu.br>. Acesso em: 26 dez. 2013. Curso ministrado em encontro da CNBB, Itaici, 1974.

## Fontes secundárias

AGNELO, Geraldo Majella. Um servidor da Igreja e do povo. In: ARROCHELLAS, Maria Helena. *Deus é bom*: homenagem a Dom Luciano. 2. ed. São Paulo: Paulinas, 2008. p. 108-114.

ALMEIDA, Luiz Fernando Mendes de. Ele está aqui conosco. In: ARROCHELLAS, Maria Helena. *Deus é bom*: homenagem a Dom Luciano. 2. ed. São Paulo: Paulinas, 2008. p. 14-18.

ALVES, Carlos Eduardo. Dom Luciano não considera "exílio" a sua transferência para Mariana. *Folha de São Paulo*, São Paulo, 8 abr. 1988. Primeiro caderno. p. 10. Entrevista exclusiva.

ARNS, Paulo Evaristo. *Da esperança à utopia*: testemunho de uma vida. Rio de Janeiro: Sextante, 2001.

ASSIS, Margarida Drumond de. *Dom Luciano, especial dom de Deus*. 2. ed. Brasília: Fórmula Gráfica, 2012. (Sigla EDD).

BEOZZO, José Oscar. Dom Luciano: compaixão e misericórdia, inteligência e lucidez. In: ARROCHELLAS, Maria Helena. *Deus é bom*: homenagem a Dom Luciano. 2. ed. São Paulo: Paulinas, 2008. p. 199-209.

CONFERÊNCIA NACIONAL DOS BISPOS DO BRASIL. Comunicado Mensal. Brasília: Edições CNBB, v. 29, n. 330, mar. 1980. (Sigla CM).

_____. Comunicado Mensal. Brasília: Edições CNBB, v. 34, n. 390, jun. 1985. (Sigla CM).

_____. Comunicado Mensal. Brasília: Edições CNBB, v. 34, n. 394, out. 1985. (Sigla CM).

_____. Comunicado Mensal. Brasília: Edições CNBB, v. 35, n. 398, mar. 1986. (Sigla CM).

_____. Comunicado Mensal. Brasília: Edições CNBB, v. 35, n. 417, dez. 1987. (Sigla CM).

_____. Comunicado Mensal. Brasília: Edições CNBB, v. 37, n. 418, jan./fev. 1988. (Sigla CM).

_____. Comunicado Mensal. Brasília: Edições CNBB, v. 37, n. 427, dez. 1988. (Sigla CM).

_____. Comunicado Mensal. Brasília: Edições CNBB, v. 38, n. 430, abr. 1989. (Sigla CM).

_____. Comunicado Mensal. Brasília: Edições CNBB, v. 38, n. 433, ago. 1989. (Sigla CM).

_____. Comunicado Mensal. Brasília: Edições CNBB, v. 40, n. 456, nov. 1991. (Sigla CM).

_____. Comunicado Mensal. Brasília: Edições CNBB, v. 41, n. 462, jun./jul. 1992. (Sigla CM).

_____. Comunicado Mensal. Brasília: Edições CNBB, v. 41, n. 465, out. 1992. (Sigla CM).

_____. Comunicado Mensal. Brasília: Edições CNBB, v. 43, n. 485, out. 1984. (Sigla CM).

DILASCIO, Vicente. Abertura das comemorações, p. 23. In: DOM LUCIANO, *luz ternura e serviço*: jubileu de prata episcopal 1976-2001. Mariana: Dom Viçoso, 2001. p. 21-24.

DONEGANA, Costanzo; DIAS, Paulo da Rocha. Apaixonado por Cristo e pelos pobres. Mundo e missão, São Paulo, v. 8, n. 55, p. 19-26. Especial.

FUITEM, Diogo Luis. *Dom Luciano Mendes de Almeida*: uma vida luminosa. São Paulo: Loyola, 2013.

KOTSCHO, Ricardo. O bispo dos miseráveis da zona Leste e seu pátio dos milagres. *Folha de São Paulo*, São Paulo, 9 jun. 1985. Primeiro caderno, p. 22-23.

LIBANIO, João Batista. *Laudatio in honorem* a Dom Luciano. In: ARROCHELLAS, Maria Helena. *Deus é bom*: homenagem a Dom Luciano. 2. ed. São Paulo: Paulinas, 2008. p. 79-98.

MARIN, Darci Luiz. Solidariedade com os encarcerados: entrevista com D. Luciano P. Mendes de Almeida. *Vida Pastoral*. São Paulo, v. 38, n. 19, p. 2-4, mar./abr. 1997.

MASSERDOTTI, Franco. Em memória de Dom Luciano. In: ARROCHELLAS, Maria Helena. *Deus é bom*: homenagem a Dom Luciano. 2. ed. São Paulo: Paulinas, 2008. p. 159-163.

MELCHER, Pedro Canisio. Despojamento total. In: ARROCHELLAS, Maria Helena. *Deus é bom*: homenagem a Dom Luciano. 2. ed. São Paulo: Paulinas, 2008. p. 99.

MENDES, Candido. *Dom Luciano, o Irmão do Outro*. 2. ed. Rio de Janeiro: Educam, 2007. (Sigla OIDO).

MENDES, Candido; AZEVEDO, Marcelo C. de (Org.). *Bilhetes de Dom Luciano*. São Paulo: Loyola, 1990.

MIRANDA, França. Dom Luciano: o cristão, o jesuíta, o pastor. In: ARROCHELLAS, Maria Helena. *Deus é bom*: homenagem a Dom Luciano. 2. ed. São Paulo: Paulinas, 2008. p. 76-79.

MOREIRA, Gil Antonio. Dom Luciano: um homem de Deus. In: ARROCHELLAS, Maria Helena. *Deus é bom*: homenagem a Dom Luciano. 2. ed. São Paulo: Paulinas, 2008. p. 163-167.

OLIVERO, Ernesto. *Uniti per la pace*: dialoghi con Dom Luciano Mendes de Almeida. Roma: Città Nuova, 1990. (Sigla UPP).

QUEIROZ, Antonio Celso de. "Dom Luciano foi uma pessoa diferente...". In: ARROCHELLAS, Maria Helena. *Deus é bom*: homenagem a Dom Luciano. 2. ed. São Paulo: Paulinas, 2008. p. 150.

RODRIGUES, Luzia. Dom Luciano o novo presidente da CNBB. *Família Cristã*, São Paulo, v. 53, n. 618, p. 12-14, jun. 1987. Entrevista.

SANTIA, Marcelo. Dom Luciano. In: ARROCHELLAS, Maria Helena. *Deus é bom*: homenagem a Dom Luciano. 2. ed. São Paulo: Paulinas, 2008. p. 211-214.

SANTIAGO, Marcelo Moreira et alii. *Igreja de Mariana*: 261 anos de história 100 anos como Arquidiocese 1906-2006. Mariana: Dom Viçoso, 2007.

SIMÕES, Neusa Quirino. *"Em nome de Jesus" passou fazendo o bem*: lembranças de D. Luciano Mendes de Almeida. São Paulo: Loyola, 2009.

TEIXEIRA, Faustino. Dom Luciano: um testemunho de profecia e coragem. In: ARROCHELLAS, Maria Helena. *Deus é bom*: homenagem a Dom Luciano. 2. ed. São Paulo: Paulinas, 2008. p. 287-289.

TORRES, Fernando. Dom Luciano, o bispo al servicio del pueblo. *Mision Abierta*, Madrid, n. 7, p. 6-9, set. 1995.

## Outras obras

AGOSTINHO, de Hipona, Santo. *Confissões livro III*. Trad. J. Oliveira Santos e A. Ambrósio de Pina. 9. ed. Petrópolis: Vozes, 1988.

AMARAL, Antonio. Um corpo para a missão. In: *espiritualidade inaciana: textos da semana de estudos Fátima 1991*. Braga: Editorial A. O., 1991, p. 119-135.

ANDERSON, Ana Flora; GORGULHO, Gilberto. A leitura sociológica. *Estudos Bíblicos*, Petrópolis, n. 2, p. 6-10, fev. 1984.

ARRUPE, Pedro. Soli Domino ac eclesiae ipsius sponsae sub Romano Pontífice, Christi in terris vicario servire. In: LYONETT et alii. *Lo Spirito della Compagnia*: una sintesi. Roma: Centrum Ignatianum Spiritualitatis, 1978. p. 111-132.

AZEVEDO, Walmor Oliveira de. "Dai-lhes vós mesmos de comer": desafio, crise e partilha. *Estudos Bíblicos*, Petrópolis, n. 15, p. 47-56, jul. 1987.

BARREIRO, Álvaro. O "Conhecimento interno" de Jesus Cristo. *Itaici*, Indaiatuba, v. 19, n. 76, p. 31-38, jun. 2009.

_____. *Os trinta anos de Jesus em Nazaré*: escândalo inaceitável ou realismo da encarnação? São Paulo: Loyola, 2006.

BARRY, William A.; DOHERTY, Robert G. *Contemplativos em ação*: o caminho jesuíta. Trad. Attílio Cancian. São Paulo: Loyola, 2005.

BELLO, Antonio. *Stola e grembiule*. Molfetta: Insieme, [s.d.].

BERNARD, Charles. La spiritualitá cristocentrica di Sant'Ignazio. In: BARLONE, Sandro. *Ignazio di Loyola*: un mistico in azione. Roma: Cittá Nuova, 1994, p. 179-196.

_____. *Teologia spirituale*. Cinisello Balsamo: San Paolo, 2002.

BINGEMER, Maria Clara Lucchetti. *Em tudo amar e servir*: mística trinitária e práxis cristã em santo Inácio de Loyola. São Paulo: Loyola, 1990.

BISIGNANO, Sante. Vocazione. In: ANCILLI, Ermanno; PONTIFICIO Istituto di spiritualità del Teresianum (Org.). *Dizionario enciclopedico di spiritualità*. Roma: Città Nuova, 1990. v. 3, p. 2670-2676.

_____. Formação. In: RODRÍGUEZ, Angel Aparício; CASAS, Joan Canals (Org.). *Dicionário Teológico da Vida Consagrada*. Trad. Honório Dalbosco; Lourenço Costa. São Paulo: Paulus, 1994. p. 454-472.

BOHNEN, Aloysio. Pedagogia inaciana: participando do trabalho apostólico de Cristo. In: OSOWSKI Cecília I.; BECKER Lia. *Visão inaciana da educação*: desafios hoje. São Leopoldo: Unisinos, 1997. p. 13-16.

BOMBONATTO, Vera Ivanise. *Seguimento de Jesus*: uma abordagem segundo a cristologia de Jon Sobrino. São Paulo: Paulinas, 2002.

BOSETTI, Elena; PANIMOLLE, Salvatore A. *Deus-Pastor na Bíblia*: solidariedade de Deus com seu povo. Trad. Bênoni Lemos. São Paulo: Paulinas, 1986.

CABARRÚS, Carlos Rafael. *Seduzidos pelo Deus dos pobres*: os votos religiosos a partir da justiça que brota da fé. Trad. Maria Stela Gonçalves e Adail Ubirajara Sobral. São Paulo: Loyola, 1999.

CAMPANINI, Gianna e Giorgio. Famiglia. In: DE FIORES, Stefano; GOFFI, Tullo (Org.). *Nuovo dizionario di spiritualitá*. Roma: Paoline, 1979. p. 623-636.

CARAVIAS, José Luis. A experiência de Deus nos profetas. *Itaici*, São Paulo, v. 7, n. 25, p. 17-30, set. 1996.

CASALEGNO, Alberto. *Gesù e il tempio*: studio redazionale di Luca – Atti. Brescia: Morcelliana, 1984.

CIMOSA, Mario. Messianismo. In: ROSSANO, Pietro; RAVASI, Gianfranco; GIRLANDA, Antonio. *Nuovo dizionario di teologia biblica*. Cinisello Balsamo: San Paolo, 1988. p. 937-952.

DECLOUX, Simon. *La via ignaziana*: per la maggior gloria di Dio. Cittá di Castello: Borla, 1990. Trad. Piero Brugnoli.

DIEGO, Luis de et alii. Magis. In: CASTRO, José García. *Diccionario de espiritualidad ignaciana (G-Z)*. Santander: Sal Terrae, 2007. v. 2, p. 1155-1167.

FISICHELLA, Rino. Profezia. In: PACOMIO, Luciano; MANCUSO, Vito. *Lexicon*: dizionario teologico enciclopedico. 2. ed. Casale Monferrato: Piemme, 1994. p. 834-836.

FOIS, Mario et alii. Compagnia di Gesù. In: PELLICCIA, Guerrino; ROCCA, Giancarlo (Org.). *Dizionario degli istituti di perfezione*. Roma: Paoline, 1979. v. 2, c. 1262-1343.

FUMAGALLI, Aristide. Il Cristiano come testimone: radice e frutto dell'odierna testimonianza cristiana. *La Scuola Cattolica*, Milano, v. 134, n. 2, p. 315-330, abr./jun. 2006.

GABRIEL, Moisés Nascimento. *Deus e os pobres*: de Jó à Teologia da Libertação: um percurso de solidariedade divina com os marginalizados. Belo Horizonte: FAJE, 2006. Dissertação de Mestrado.

GALILEA, Segundo. *As raízes da espiritualidade latino-americana*: os místicos ibéricos. Trad. Luiz João Gaio. São Paulo: Paulinas, 1984.

GOFFI, Tullo. *L'esperienza spirituale, oggi*: le linee essenziali della spiritualitá cristiana conemporanea. Brescia: Queriniana, 1984.

GONZÁLEZ-FAUS, José Ignacio. *Vigários de Cristo*: os pobres na teologia e espiritualidade cristãs. Antologia comentada. São Paulo: Paulus, 1996.

GRANERO, Jesus M. *Espiritualidad Ignaciana*. Madrid: Alpe-Ceter, [s.d.].

GUTIÉRREZ Gustavo. *Onde dormirão os pobres?* Trad. Maria Stela Gonçalves. São Paulo: Paulus, 1998.

_____. *Teologia da libertação*: perspectivas. Trad. Yvone Maria de Campos Teixeira da Silva e Marcos Marcionilo. São Paulo: Loyola, 2000.

_____. *Beber em seu próprio poço*: no itinerário espiritual de um povo. Trad. Yvone Maria de Campos Teixeira da Silva. São Paulo: Loyola, 2000.

HÄRING, Bernard. Profeti. In: DE FIORES, Stefano; GOFFI, Tullo (Org.). *Nuovo dizionario di spiritualità*. Paoline: Roma, 1979. p. 1271-1281.

HURTADO, Manuel. *Deus, não sem nós*: a humanidade de Deus para pensar Deus e os pobres da terra. Reflexões em Eberhard Jüngel. São Paulo: Loyola, 2013.

IGNAZIO, di Loyola, Santo. *Autobiografia*: commento di Maurizio Costa S.J. Roma: Comunitá di vita cristiana, 1991.

IPARRAGUIRRE, Ignacio. Gli esercizi ignaziani, chiave e anima della missione propria del gesuita. In: BEYER, G. B. et alli. *Servire nella chiesa*. Roma: Stella Matutina, 1973, p. 39-56.

KASPER, Walter. *Il Dio di Gesù Cristo*. Trad. Dino Pezzetta. 6. ed. Brescia: Queriniana, 1997.

LATOURELLE, René. Testimonianza. In: LATOURELLE, René; FISICHELLA, Rino (Org.). *Dizionario di teologia frondamentale*. Assisi: Cittadella, 1990. p. 1312-1320.

LIBANIO, João Batista. A petição da Segunda Semana dos Exercícios: "Conhecimento interno do Senhor, para que eu mais o ame e o siga!" (EE, n. 104). *Itaici*, Indaiatuba, v. 19, n. 76, p. 39-45, jun. 2009.

LISBÔA, Paulo. O imperativo continuado de uma experiência de Deus. In: QUEVEDO, Luis González (Org.). *Um sentido para a vida*: princípio e fundamento. São Paulo: Loyola, 2007. p. 149-165.

MAGGIONI, Bruno (Org.). Il Vangelo di Giovanni. In: I VANGELI. 9. ed. Assisi: Cittadella, 1998. p. 1290-1690.

_____. *Nas raízes do seguimento*. Trad. Silva Debetto C. Reis. São Paulo: Loyola, 2013.

_____. *Os relatos evangélicos da Paixão*. Trad. Bertilo Brod. São Paulo: Paulinas, 2000.

MESTERS, Carlos. *Com Jesus na contramão*. São Paulo: Paulinas, 1995.

MOIOLI, Giovanni. *L'esperienza spirituale*: lezioni introduttive. Milano: Glossa, 1992.

PALÁCIO, Carlos. Para uma teologia do existir cristão (I): leitura da Segunda Semana dos Exercícios Espirituais. *Perspectiva Teológica*, Belo Horizonte, v. 16, n. 39, p. 167-215, maio/ago. 1984.

PALAORO, Adroaldo. *A experiência espiritual de santo Inácio e a dinâmica interna dos exercícios*. São Paulo: Loyola, 1992.

PICHLER, Josef. Jerusalém. In: BAUER, Johannes B. (Org.). *Dicionário bíblico-teológico*. Trad. Fredericus Antonius Stein. 2. ed. São Paulo: Loyola, 2004. p. 205-209.

QUEVEDO, Luis González. Princípio e fundamento: comentário ao texto inaciano e proposta bíblica. In: _____ (Org.). *Um sentido para a vida*: princípio e fundamento. São Paulo: Loyola, 2007. p. 21-67.

RAHNER, Hugo. *Ignacio de Loyola y su Histórica Formación Espiritual*. Santander: Sal Terrae, 1955.

RATZINGER, Joseph. *La fraternità cristiana*. Trad. Carlo Danna. Brescia: Queriniana, 2005.

SALVADOR, Federico Ruiz. *Compêndio de teologia espiritual*. Trad. Antívan G. Mendes. São Paulo: Loyola, 1996.

SBAFFI, Mario. Carità. In: DE FIORES, Stefano; GOFFI, Tullo (Org.). *Nuovo dizionario di spiritualità*. Roma: Paoline: 1979. p. 137-153.

SOARES, Sebastião Armando Gameleira. Reler os Profetas: notas sobre a releitura da profecia bíblica. *Estudos Bíblicos*, Petrópolis, n. 4, p. 8-32, 1987.

SOBRINO, Jon. *Cristologia a partir da América Latina*: esboço a partir do seguimento do Jesus histórico. Trad. Orlando Bernardi. Petrópolis: Vozes, 1983.

_____. *Jesus na América Latina*: seu significado para a fé e a cristologia. Trad. Luiz João Gaio. Petrópolis: Vozes, 1985.

SORRENTINO, Francesco. Dizer Cristo em contexto de pluralismo religioso. *Atualização*, Belo Horizonte, v. 43, n. 361, p. 189-206.

SOUZA, Neuza Silveira de; AUGUSTA, Maria de Lourdes. "O Filho do Homem não tem onde reclinar a cabeça" (Lc 9,58): lugar do encontro com Deus para o discípulo-missionário. *Estudos Bíblicos*, Petrópolis, n. 107, p. 75-89, mar. 2010.

ŠPIDLÍK, Tomás. *Manuale fondamentale di spiritualità*. Casale Monferrato: Piemme, 1993.

STIERLI, Josef. *Buscar a Deus em todas as coisas*: vida no convívio do mundo e oração inaciana. Trad. Attílio Cancian. São Paulo: Loyola, 1990.

ZEVINI, Giorgio. Rapporto tra Parola di Dio e Spiritualitá: situazione ed esigenze. In: SECONDIN, Bruno; ZECCA, Tito; CALATI, Benedetto. *Parola di Dio e spiritualitá*. Roma: LAS, 1984.

Impresso na gráfica da
Pia Sociedade Filhas de São Paulo
Via Raposo Tavares, km 19,145
05577-300 - São Paulo, SP - Brasil - 2015